Jürgen Lindenburger

mein MINI GARTEN

Auf Balkon und Terrasse

DÖRFLER·VERLAG

Alle in diesem Buch enthaltenen Angaben, Vorschläge,
Rezepte etc. wurden von dem Autor nach bestem Wissen
erstellt und von ihm und dem Verlag mit größtmöglicher
Sorgfalt überprüft.
Da alle Informationen Veränderungen und eventuellen
neueren Erkenntnissen unterworfen sind, wird keine Ge-
währ für die dauerhafte Richtigkeit der Angaben übernommen. Es wird ausdrücklich darauf hingewiesen, dass
einige der beschriebenen Pflanzen oder Teile davon giftig sind und besondere Vorsicht im Umgang mit diesen
Pflanzen in Bezug auf Kinder und Haustiere geboten ist.
Bei der Verwendung von Pflanzenschutz- und Düngemit-
teln sind unbedingt die Anwendungshinweise und
Gebrauchsanleitungen der Hersteller zu beachten.
Daher erfolgen die Angaben etc. ohne jegliche Verpflich-
tung oder Garantie des Verlags oder des Autors. Eine Haf-
tung des Autors und des Verlags für Personen-, Sach-
und Vermögensschäden ist ausgeschlossen.

© DÖRFLER VERLAG GmbH, Juraquelle 26, 91330 Eggolsheim
Fotos: Bildbeschaffung und Bildredaktion
Jürgen Lindenburger, TopicMedia Service

Im Internet finden Sie unser Verlagsprogramm unter:
www.doerfler-verlag.de

Inhalt

Einleitung 4

Gestaltung von Balkon und Terrasse 6

Mut zu ungewöhnlicher Kreativität 7

Gestalten mit Details 8

Die Pflanzenauswahl 9

Ein Platz zum Träumen – die Terrasse 10

Die Qual der Wahl 11

Der Miniteich 12

Blumen – die sommerliche Farbenpracht 14

Kräuter im Minigarten 32

Zum Naschen und Genießen – Gemüse 40

   Obst & Beeren aus dem Minigarten 45

Platz für Bäume und Sträucher 45

Naturschutz im Minigarten 56

Unterschlupf für Nützlinge 57

Ökologische Schädlingsbekämpfung 58

Krankheiten der Pflanzen 59

Herbst im Minigarten – der Winter naht 60

Geeignete Winterquartiere 61

Überwinterung in Wohnräumen 62

Register der Pflanzennamen deutsch/lateinisch 63

Nützliche Adressen, Danksagung, Bildnachweis 64

Einleitung

Immer weniger Menschen haben die Gelegenheit, in den Besitz eines Gartens zu kommen. Umso wichtiger ist die Bedeutung von Balkons und Terrassen als Orte der Erholung und der kreativen Freizeitbeschäftigung geworden. So ist man auch durchaus in dem Mehrfamilienhaus der Stadt oder im kleinen Reihenhaus in der Lage sich auf kleinstem Raum eine grüne Oase zu schaffen. Balkon und Terrasse sind für den Gestalter eine Herausforderung, der wegen des eingeschränkten Raums Grenzen gesetzt sind, doch das heißt nicht, dass dabei Ideenlosigkeit dominieren muss. Ganz im Gegenteil: Platzmangel macht erfinderisch und Balkon und Terrasse können zu gärtnerischen und optischen Kleinodien werden.

Der mangelnde Platz ändert nichts an den Grundregeln des sachgemäßen Säens und Pflanzens, der Pflege und des Erntens. So erlaubt gerade diese Art der gärtnerischen Betätigung eine intensivere Beschäftigung mit Details, als im größeren Garten. Die Möglichkeit, prachtvolle Pflanzen in Töpfen, Kübeln oder Kästen zu ziehen, gab es

schon zu Beginn der Gartenkultur. Waren es anfangs vielleicht nur kultische Zwecke, so entwickelte sich diese Pflanzenkultur im Laufe der Jahrhunderte zur optischen Vollendung. Aber nicht nur für das Auge sorgte man, sondern der Nutzen von Kräutern und Gemüse oder auch Beeren und Obst in Kübeln gezogen, wurde schnell erkannt und verbreitete sich aus den südlichen Ländern kommend auch bei uns.

Viele der Pflanzenarten stammen aus Südeuropa und lassen sich gut bei uns in Töpfen oder Kübeln ziehen. Auch wer nicht Besitzer eines Gartens ist, kommt so in den Genuss von frischen Kräutern und knackfrischem Gemüse.

Es werden inzwischen im Fachhandel viele Pflanzensorten mit kompaktem Wuchs angeboten, die sich hervorragend als Balkonpflanzen bewährt haben. Neben Gemüse

und Kräutern lassen sich auch viele Obstsorten oder Beerensträucher auf kleinem Raum in Kübeln ziehen. Hierzu hat man speziell langsam wachsende Sorten mit bestimmten Wuchsformen entwickelt, die sehr ertragreich sein können.

Der nötige Umgang mit den Pflanzen bei der Gestaltung von Balkon oder Terrasse setzt auch ein gewisses Maß an Naturver-

ständnis und Auseinandersetzung mit den Bedürfnissen der grünen Begleiter voraus, was die ganze Sache aber interessant und erholsam macht, immer vorausgesetzt, dass man sich diesen schönen Dingen öffnet und Interesse entgegen bringt. Gerade für den stressgeplagten Stadtbewohner bietet sich hier ein Hobby an, das Ausgleich und Ruhe bringt. Ob bei der Bepflanzung von Balkonen und Terrassen die Freude an der Blütenpracht das leitende Motiv ist oder der Wunsch nach frischen Kräutern, Gemüse oder Obst, der gestalterischen Vielfalt sind kaum Grenzen gesetzt. Hat man erst einmal die ganzen Möglichkeiten der phantasievollen Ausgestaltung der grünen Oase entdeckt, kann dies schnell zur Leidenschaft werden und man nutzt dann gern das große Angebot der Pflanzen als bewegliches Gestaltungselement. Gerade die Möglichkeit, die Pflanzgefäße an wechselnden Standorten zu platzieren um so immer wieder neue Akzente zu setzen, fasziniert dabei.

Gestaltung von Balkon und Terrasse

So herrlich und verlockend das reichhaltige Pflanzenangebot der Gärtner und des Handels gerade für den Schmuck des Balkons sind, so gilt es doch einige Regeln beim Ausstatten und Bepflanzen zu beachten. Das Buch kann nur anregen und Lust darauf machen, Balkon oder Terrasse zu einem Minigarten werden zu lassen. Bei einem Angebot von hunderten von Pflanzenarten und unzähligen Gestaltungs- und Ausstattungsmöglichkeiten fällt es schwer, eine kleine Auswahl zu treffen, die nur als Anstoß für eigene Kreativität und Initiative gedacht sein kann. Dem Balkongärt-

ner bieten sich ausgezeichnete Möglichkeiten, Wünsche und Ideen in Bezug auf die Auswahl der Pflanzen und ihrem Lebensraum, den Töpfen, Kübeln und Kästen mit einem fast unüberschaubaren Angebot an Materialien, Formen und Farben zu verwirklichen. Mit der richtigen Wahl der Pflanzen mit den für sie am besten geeigneten Gefäßen, mit einer zweckmäßigen und gemütlichen Möblierung und nicht zuletzt den praktischen Kletterhilfen in Form von Gittern und Spalieren kann der Balkon zum ganzjährigen Freiluftparadies werden. Wer den Balkon als Sitzplatz häufig nutzen möchte, sollte auf jeden Fall beim Planen an den Sichtschutz denken, der in Form von mit Kletterpflanzen bewachsenen Gittern und Säulen ebenso praktisch wie schön ist, oder man verwendet im Handel in allen Größen erhältliche Stellwände aus Latten oder Geflecht. Bei dem Bepflanzen der Töpfe, Ampeln, Tröge und Kästen stellt sich die Frage, welche Kombinationen am besten zusammenpassen und welche Pflanzen sich gut untereinander vertragen.

Mut zu ungewöhnlicher Kreativität

Für eine schöne und ansprechende Balkon-
gestaltung benötigt man neben kreativer
Phantasie auch Mut zum Ungewöhnlichen
und zur Nachahmung. Unter Nachahmung
ist gemeint, dass man durchaus die Bei-
spiele von Balkon- und Terrassengestaltung, die man in der Nachbarschaft, auf
Messen, Ausstellungen und vielleicht auch
im Urlaub sieht, im eigenen Bereich um-
setzt oder als Anregung nutzt. Die Bilder
dieser und der nächsten Seite sollen dies
ein wenig aufzeigen. Ob es ein Bauern-
haus mit seinem überaus üppigen Blumenschmuck aus dem Alpenraum ist, oder die
unbekümmerten und lockeren Arrangements auf Balkonen und an Fassaden in
einem Mittelmeerland – immer kann mehr
oder weniger davon auch in den eigenen
Bereich übernommen werden. Sicher muss
man abwägen, ob sich die Pflanzen, die
einem gefallen, dann auch auf dem eigenen Balkon wohlfühlen werden. Besonders
gilt dies für Pflanzen aus südlichen Gefil-

den. In diesen Fällen sollte man den fachmännischen Rat beim Gärtner einholen.
Dies spart einem spätere Enttäuschungen
und man bekommt vom Fachmann bestimmt Empfehlungen für Pflanzenarten,
die einem über lange Zeit Freude bereiten.
Bei allen gestalterischen Überlegungen
muss man auch daran denken, dass man
einen Balkon nicht unendlich gewichts-
mäßig belasten kann. Mit einem großen
Pflanztrog oder Kübel und mit feuchter
Erde können schnell ein paar hundert Kilo
zusammenkommen. Auch die höchstmögli-
che Belastung von Balkongittern und
Geländern sollte sehr genau überprüft
werden.

Gestalten mit Details

Dem Balkongärtner bieten sich je nach Stilrichtung und vorhandenem Platz eine Vielzahl von Gegenständen für die Detailgestaltung an. Ob es nun die besondere Pflanzamphore für Kräuter oder Blumen ist, die alte Stehleiter, die man als Regal für Töpfe und andere Pflanzgefäße umfunktioniert, oder für den Liebhaber bäuerlich-rustikaler Ausstattung ein paar alte Obstkisten, die als Untersatz dienen – der Phantasie sind kaum Grenzen gesetzt. Sehr gut kann man in Kombination mit Balkonmöbeln, die in allen Preislagen und unterschiedlichsten Stilrichtungen angeboten werden, mit einfachem Interieur eigene Akzente setzen. Es darf nur nicht am Mut zur Durchführung mangeln.

Es wird nicht immer möglich sein, die Bepflanzung und Ausstattung des Balkons optimal mit dem Umfeld abzustimmen, dennoch sollte bei der Auswahl von Gefäßen und deren Bepflanzung die Struktur, Farbe und Charakter der Hauswand und der Fenster die Auswahl beeinflussen. Kräftige Blütenfarben in roten und blauen Farbtönen geben einen besseren Kontrast vor einer hellen Wand ab, als weiße oder gelbe Blüten. Bei dunkler Wandfarbe ist es umgekehrt. Vor Fenstern sollten die Pflanzen nicht zu hoch werden, da sie den Ausblick einschränken und den Lichteinfall behindern. Bei allen Dingen, die man auf dem

Balkon anbringt oder aufstellt, sollte man auch unbedingt auf Standfestigkeit bei Erschütterung oder starken Wind achten, da man Verantwortung für Schäden trägt, die durch Umstürzen oder Davonfliegen entstehen. Deshalb sollte man sich nicht scheuen, Gitter, Gestelle, Regale und Ähnliches mit geeigneten Mitteln an Wänden, Pfosten oder Geländern zu befestigen.

Die Pflanzenauswahl

Die Auswahl der Pflanzen ist mit Sicherheit der schönste Part bei der Ausgestaltung von Balkon oder Terrasse, geht jedoch nicht ohne einige grundsätzliche Überlegungen und Entscheidungen. Einmal spielt eine Rolle, ob man wirklich den Balkon als Minigarten gestalten möchte, mit Kräutern, Gemüse, Obstbäumchen und Blumenschmuck, oder ob die Wahl allein auf Zierpflanzen fällt. Dann spielt die Ausrichtung des Balkons oder der Terrasse nach der Himmelsrichtung eine große Rolle. Das bestimmt ganz wesentlich die Auswahl der Pflanzen mit. So lieben zum Beispiel die Geranien die volle Sonne, also die Südseite, Petunien wachsen auch gut auf der Ost- oder Westseite und Fuchsien kann man getrost auf einen Nordbalkon pflanzen. Weiter ist zu überlegen, ob man bestimmten Pflanzen einen Windschutz bieten kann oder ob man ohne Schwierigkeiten in der Lage ist, Rank- und Kletterhilfen zu installieren. Es ist zu entscheiden, ob man eine winterharte Dauerbepflanzung

anstrebt, oder ob man Platz für ein Winterquartier für die frostempfindlichen Pflanzen hat. Dies ist auch wichtig bei der Wahl der Pflanzgefäße, da diese von ihrer Größe einmal in das Winterquartier passen müssen und sich vom Gewicht her noch transportieren lassen müssen. Die Pflanzanordnung in den Kästen muss so geplant sein, dass man während des Jahres ohne Probleme die Frühlingsblüher gegen Sommerblumen austauschen kann und dabei die mehrjährigen Pflanzen nicht stört. Auf keinen Fall sollte man bei einer Dauerbepflanzung auf die Farbtupfer der Frühjahrsblüher ver-  zichten, die man als Beipflanzung in Töpfen vortreiben kann und dann nach dem letzten Frost an freigehaltene Stellen zwischen die Dauerbepflanzung setzt.

Ein Platz zum Träumen – die Terrasse

Anders als beim Balkon kann man bei der Planung der Terrasse von einem größeren Platzangebot ausgehen. Die Terrasse bildet zumeist das Bindeglied zwischen Haus und Garten und kann bei entsprechender Gestaltung durchaus als zusätzlicher Wohnraum im Grünen angesehen werden. In der Regel sind die Terrassen nach Süden ausgerichtet und bieten die meiste Zeit des Jahres, vor allem morgens und am Spätnachmittag die begehrten Sonnenstrahlen. Bei der Planung der Terrassengestaltung muss man sich im Klaren sein, dass nur eine attraktive Bepflanzung die Terrasse zum Anziehungspunkt und Schmuckstück machen kann, ebenso wie Überlegungen zum Sichtschutz und einem Sonnenschutz. Als Übergang zum Garten hat man die unterschiedlichsten Möglichkeiten der Randbepflanzung in Form von Rabatten oder mobilen Pflanzkästen, Steineinfassungen mit Steingartenbepflanzung oder begrünte Rank- und Klettergerüste. Ergänzende Bepflanzung mit Rosen, Stauden oder interessanten Gräsern runden das Bild ab und schafft Harmonie. Wer südliches Flair liebt, wird sicher mit Kübelpflanzen wie Oleander, Bougainvillea, Canna oder auch Zitrusbäumchen dieses Ambiente kreieren.

Auch bei der Terrasse gilt wie beim Balkon: Originalität und Mut zum Besonderen können eine einzigartige Atmosphäre für diesen wertvollen Teil unseres Wohnbereiches schaffen. Ob man schlichte Klarheit wählt oder eine rustikale Optik mit der jeweils passenden Bepflanzung, bleibt dem Geschmack und Stilempfinden des Einzelnen überlassen. Wichtig ist hierbei einzig und allein die Schaffung einer Wohlfühlatmosphäre für den Terrassengärtner, dem sich dazu unendlich viele Möglichkeiten bieten.

Die Qual der Wahl

Ob jetzt Balkon oder Terrasse, bei der Gestaltung, Möblierung und Wahl der Bepflanzung bieten sich unendliche Kombinationsmöglichkeiten, die durch Wahl der Farben und Formen generell und Wahl der Pflanzenarten speziell, bestimmt werden. Überall kann man sich Ideen und Anregungen holen, Bücher, Ausstellungen, Nachbarn oder Reisen helfen hierbei. Nie sollte man aber das eigene Stilempfinden und die ureigensten Vorstellungen von Gemütlichkeit und Bedürfnissen dabei außer acht lassen, sonst wird man sich in den

doch so wertvollen, zusätzlichen Wohnbereichen nie richtig wohl fühlen. Farben spielen dabei eine bedeutende Rolle. Jede Farbe hat jeweils mehrere Eigenschaften, die objektiv empfundenen und die subjektiv empfundenen, die in ihrem Zusammenspiel die gestalterische Wirkung hervorbringen. Ist man sich der Farbwirkung bewusst, ist ein gezieltes Einsetzen von Farben bei der Gestaltung einfacher. Helle Farben werden als leicht, dunklere als schwer empfunden. So regt Rot gefühlsmäßig an und suggeriert Wärme, aktiviert und belebt, Blau wirkt dagegen beruhigend und dämpfend und steht für Kälte. Grün ist eine passive Farbe, die für Ausgleich, Entspannung und Ruhe steht, daher empfindet man auch den Aufenthalt im Wald oder einer grünen Umgebung als so erholsam. Die Farben in Kombination eingesetzt, bei schmückenden Objekten, dem Mobiliar und natürlich bei den Pflanzen, ergibt im Zusammenspiel den Ausschlag, ob man sich in einer Umgebung sofort wohlfühlt oder ob es zu einem oft nicht erklärlichen Unbehagen kommt.

Der Miniteich

Wer Wasser liebt und auch am Plätschern eines kleinen Brunnens Gefallen findet, der sollte nicht auf den Miniteich auf seinem Balkon oder der Terrasse verzichten. Es bieten sich viele Möglichkeiten, dies leicht zu realisieren. Der Fachhandel bietet geeignete Gefäße in allen Größen mit dem entsprechenden Zubehör an. Sie sind zumeist aus robustem Kunststoff und können auf vielerlei Art verkleidet werden. Sehr schön sind alte Fässer oder Bottiche, ebenso wie ausgehöhlte Baumstämme, die man auch direkt benutzen kann, wenn man sie mit Teichfolie auskleidet. Schöne Arrangements lassen sich auch aus verschieden großen Keramikschalen herstellen. Auch ungelochte Balkonkästen eignen sich, wenn man sie wiederum in größere Kästen einsetzt, die dann eine schöne Randbepflanzung erhalten. Ungeeignet sind Metallgefäße, da diese durch die Huminsäuren der Teicherde schnell rosten, es sei denn, dass man sie auch mit Teichfolie auskleidet. Unbedingt beachten sollte man, dass die wassergefüllten Gefäße je nach Größe einige hundert Kilo wiegen können und ein Balkon entsprechend tragfähig sein muss.

Als Standort kann man eine sonnige bis halbschattige Stelle auswählen, wenn der Teich mit Seerosen bepflanzt wird, sollte der Standort voll sonnig sein. Für die Bepflanzung bietet der Handel meist in Spezialabteilungen eine große Auswahl schöner und leicht zu haltender Pflanzen an. Man sollte sich dort beraten lassen, welche Pflanzen sich für die entsprechenden Gefäße eignen und miteinander harmonieren. Auch ist entsprechende Beratung oder weiterführende Literatur über Bepflanzung, Pflege und Überwinterung des Miniteichs empfohlen.

Alle Gefäße, die im Winter draußen verbleiben müssen frostsicher sein und glatte, gerade oder sich nach oben verbreiternde Wandungen besitzen, damit sich das Eis ausdehnen kann und nicht das Gefäß sprengt. Viele Seerosenarten und auch zum Beispiel das einheimische Pfeilkraut (Abb. S. 12 unten) sind frosthart und die Wurzelballen überleben den Winter im eingefrorenen Gefäß. Nur exotische Seerosen und Wasserpflanzen muss man im Herbst entnehmen und in frostsicheren Räumen in Kübeln überwintern. Gräser und Schilfarten lässt man abgestorben mit einfrieren und entfernt die abgestorbenen Teile erst im Frühjahr nach dem Auftauen. Bei der Auswahl der Pflanzen spielt die Wassertiefe eine Rolle – während Zwergseerosen lediglich eine Tiefe von etwa 15 cm benötigen, brauchen die großblütigen Seerosen-Hybriden einen Wasserstand von 40 bis 60 cm. Die Wurzelballen sind meist beim Kauf in Pflanzkörben untergebracht, die man direkt in spezielle nährstoffarme Teicherde stellt. Zum Befüllen des Miniteichs eignet sich durchaus Leitungswasser, wenn es nicht gechlort oder zu stark kalkhaltig ist. Das Wasser im Miniteich sollte nicht ausgetauscht werden, man ergänzt lediglich das verdunstete Wasser wieder mit Leitungswasser oder aufgefangenem Regenwasser. Wer auf Wasserpflanzen ganz ver-

zichten möchte, der kann sich auch ein Wasserspiel installieren, wie es die Abbildung mit dem blauen Krug zeigt, der lediglich als Überlauf für den Wasserspeier dient und in einer Wanne mit Kieselsteinen steht. Eine kleine Umwälzpumpe sorgt für das beruhigende Plätschern.

Blumen – die sommerliche Farbenpracht

Die Gewohnheit des Menschen, mit schönen Dingen seine Wohnung und den erweiterten Lebensraum von Terrassen und Balkonen zu schmücken, kann mit nichts besser ausgedrückt werden, als mit einem üppig grünenden und in prächtigen Farben erblühenden Pflanzenschmuck. So schaffen Blumen auch an tristen Tagen mit ihren Farben und den vielfältigen Blütenformen eine Atmosphäre zum Wohlfühlen. Die nachfolgenden Pflanzenporträts sollen hierzu Anregung bringen und als Entscheidungshilfe bei der Planung dienen. Bei der Artenauswahl wurde darauf geachtet, dass die Pflanzen auch für den nicht so kundigen Hobbygärtner leicht zu pflegen sind.

Lilien *(Lilium spec.)*

Lilien sind elegante Zwiebelgewächse. Die schlanken Stängel tragen Blüten in überwältigender Vielfalt an Farben und Formen. Für die Bepflanzung von Kästen und Kübeln empfehlen sich die widerstandsfähigen Gartenhybriden. Lilien wünschen sich einen halbschattigen Standort. Sie eignen sich gut für Rabatten an Terrassen und auch einzeln kommen Lilien in Pflanzgefäßen auf dem Balkon wirkungsvoll zur Geltung. Lilien werden im Herbst in gut vorbereiteter, durchlässiger Erde in der zweieinhalbfachen Zwiebelhöhe gepflanzt. Staunässe ist zu vermeiden. Beim Einkauf sollte man frische Zwiebeln wählen, die sofort zu pflanzen sind. Die Pflege ist ähnlich der meisten anderen Zwiebelpflanzen. Hohe Stängel sind gut abzustützen, damit sie nicht abbrechen.

Märzenbecher *(Leucojum vernum)*

Märzenbecher sind Zwiebelgewächse und blühen nach den Schneeglöckchen ab März bis April. Diese anspruchslose heimische Pflanze eignet sich auch gut für eine Pflanzung in Kübeln oder Kästen zusammen mit anderen Frühblühern wie Narzissen, Tulpen oder Schneeglöckchen. Ihre Stängel werden 15–25 cm hoch und tragen bis zwei, meistens jedoch nur eine rahmweiße, glockige Blüte mit hellgrünen Spitzen. Die Pflanze wünscht einen feuchten halbschattigen Standort und einen humusreichen Boden. Die Zwiebeln werden im September mit einer Pflanztiefe von etwa 15 cm in Gruppen in die Erde gebracht. Durch Tochterzwiebeln vermehren sich die Märzenbecher selbst.

Narzissen *(Narcissus* spec.)

Die Narzisse gehört zur Familie der Amaryllisgewächse. Diese unkomplizierte Zwiebelpflanze lässt sich sehr gut in Töpfen oder Balkonkästen kultivieren. Mit ihren leuchtenden gelben oder weißen Blüten schmückt sie im Frühling jeden Balkon und jede Terrasse.

Narzissen gibt es in den verschiedensten Farben und Formen, so ist die gelbe Trompetennarzisse landläufig unter dem Namen Osterglocke bekannt. Neben den typisch leuchtend gelben Blüten gibt es Sorten mit blass-buttergelben Blüten oder weißen Blütenkranzblättern und orangefarbenen Kronen. Besonders hübsch sind die zierlichen Zwergnarzissen für die Haltung in Gefäßen. Narzissen lieben einen sonnigen bis halbschattigen Standort und stellen keine besonderen Ansprüche an die Pflanzerde, nur sollte auch hier Staunässe vermieden werden. Beste Pflanzzeit für die Zwiebeln ist der September und Oktober. Es empfiehlt sich, die Zwiebeln in Gruppen einzupflanzen.

Tulpen *(Tulipa* spec.)

Tulpen sind bekannte und beliebte Frühlingsblüher, die aus Zwiebeln gezogen werden. Es gibt sie in vielen Farben, auch mehrfarbig, und die Blüten selber sind glocken- oder auch trichterförmig. Sie sollten in keiner Frühjahrsbepflanzung fehlen. Sie werden je nach Sorte ca. 10–60 cm hoch und wachsen aufrecht. Tulpen stellen keine großen Ansprüche an den Standort und gedeihen im Schatten ebenso wie in der Sonne. Die Zwiebeln werden im September in leicht humose Erde gebracht und damit ist die Arbeit schon fast vollbracht. Die Pflanzen bilden Tochterzwiebeln, die zwei bis drei Jahre von selbst wieder austreiben, danach sollten sie durch frische Zwiebeln ersetzt werden. Nach dem Verblühen entfernt man die Blütenstängel, wobei man die Blätter erst nach dem Vertrocknen entfernt. Ihr Wasserbedarf ist eher gering und sie vertragen keine Staunässe.

Begonia *(Begonia semperflorens)*

Begonien zählen auf jeden Fall zu den wohl bekanntesten Balkon- und Terrassenbepflanzungen mit etwa 150 Arten. Alle Sorten haben asymmetrische Blätter, die an dicken, fleischigen Stängeln sitzen. Durch die Farbenvielfalt der Blüten und das schöne Blattwerk sind sie beliebt aber nicht unproblematisch. Sie sind unter vielen Namen bekannt wie Fleißiges Lieschen, Eisbegonie, Gottesauge oder Immerblühende Begonie.

Sie alle lieben eher den Schatten oder Halbschatten und hohe Luftfeuchtigkeit, nur einige Arten vertragen die grelle Sonne. Dies schränkt die Standortwahl auf

dem Balkon ein und auf der Terrasse sollte man sie im Sonnenschutz von Sträuchern oder Pergolen halten. Für die Bepflanzung von Töpfen und Kästen auf dem Balkon eignen sich besonders die kleinblumigen Knollenbegonien der Multiflora-Gruppe. Sie bestechen durch ihre Blütenfülle und vertragen auch die Sonne besser, allerdings sind sie windempfindlicher als die großblumigen Knollenbegonien der Gruppe Grandiflora. Diese sind kompakter und standfester und es gibt Sorten mit zweifarbigen Blütenblättern (Abb. linke Seite unten rechts) oder gefüllte Blüten. Die unermüdlichen Dauerblüher gibt es im Handel in wunderschöner Vielfalt, sodass man sich nicht unbedingt die Mühe der Überwinterung machen muss.

Ampel- oder Hängebegonien haben dünnere Triebe, sind aber ebenso vielfältig in Form und Farben ihrer Blüten (Abb. oben). Für sie sollte man auch einen etwas windgeschützten Standort vorsehen.

Bei der Bepflanzung von größeren Töpfen oder Kästen kann man auch sehr gut die niedrigeren Eisbegonien und die interessanten Blattbegonien (Abb. unten) zusammen mit höher wachsenden Arten zusammenbringen. Viele Arten der Knollenbegonien kann man durchaus über viele Jahre halten, wenn man die Knollen über den Winter bringt. Ab Mitte August sollte man sparsamer gießen und die Düngung einstellen. Das Laub wird langsam vergilben und man kann nach dem ersten Frost die Pflanzenteile zurückschneiden. Die Knollen werden dann aus der Erde genommen und an einem kühlen und dunklen Ort bis Ende Februar aufbewahrt. Sie werden dann wieder in Töpfen an einem nicht zu warmen, aber hellen Standort vorgetrieben, wobei man große Knollen durchaus teilen und so vermehren kann. Beim Erscheinen der ersten Triebe werden sie am besten schon in die Töpfe und Kästen verpflanzt, die für die Standorte im Freien vorgesehen sind. Nach dem Ende der Frostperiode können sie dann ins Freie gebracht werden. Für Wachstum und Blütenreichtum ist humusreiche Pflanzerde nötig, die nie austrocknen sollte, wobei Staunässe zu vermeiden ist, da diese zu Fäulnis, Mehltau und Verpilzung führt. Gut eignet sich Blähton als unterste Unterlage in den Töpfen, da dieser ausgezeichnet Feuchtigkeit hält und Staunässe vermeidet. Düngen sollte man im Sommer alle 2 Wochen.

Bougainvillea oder Drillingsblume *(Bougainvillea glabra)*

Die fast 20 Arten umfassende Gattung Bougainvillea, die Drillingsblume, gehört zur Familie der Wunderblumengewächse (Nyctaginaceae). Die bis zu 5 m Höhe erreichenden, farbenprächtigen Sträucher sind in südlichen Ländern weit verbreitet und finden bei uns immer mehr Freunde. Als Zierpflanze ist die *Bougainvillea glabra* am häufigsten verbreitet. Ihre Heimat liegt in Brasilien und in ihrer ursprünglichen Form besitzt sie lilafarbene Blüten-

blätter. Die auf ihr basierenden Sorten sind in vielen Farben erhältlich; vor allem die Farben rot und violett sind weit verbreitet, aber es gibt auch orange, gelbe und weiße Sorten. Der Name Drillingsblume rührt daher, dass jeweils 3 Blüten zusammenstehen und gemeinsam von den farbigen Hochblättern umgeben sind.

Die Bougainvillea bildet bei guter Pflege recht schnell lange Ranken, denen man eine Kletterhilfe geben sollte, da die Pflanze sich nicht selbst tragen kann. Am besten hält man die Pflanze in Kübeln oder Trögen, in denen sie auch an einem frostgeschützten Ort den Winter verbringen kann. Der beste Standort ist im Freien direkt an einer gegen Süden gerichteten Hauswand, wobei einerseits der Dachüberstand die doch empfindlichen Blüten vor Regen schützt und andererseits das Mauerwerk nachts Wärme spendet. Die Bougainvillea benötigt nicht übermäßig viel Wasser. Mit einer reichen Blüte kann man aber nur rechnen, wenn der Wurzelballen stets leicht feucht gehalten wird und etwa alle zwei Wochen eine Düngung mit Blühpflanzendünger erfolgt. Staunässe oder dauerhaft zu nasse Erde hingegen führt zum Verfaulen der Wurzeln und damit zum Tod der Pflanze. Vor dem ersten Frost schneidet man die Pflanze stark zurück. Eine Überwinterung erfolgt am besten bei einer Temperatur zwischen ca. 5 und 15 °C in einem Raum mit mäßigem Lichteinfall.

Elfenspiegel *(Nemesia* hybrida*)*

Der einjährige, ursprünglich aus dem südlichen Afrika stammende Elfenspiegel ist noch nicht sehr lange auf dem deutschen Pflanzenmarkt. Das wahre Blühwunder wurde schnell zur beliebten Balkonpflanze. Die weißen, gelben, orangen oder roten Blüten werden schnell zum optischen Höhepunkt eines jeden Balkons. Die zwergwüchsigen Exemplare bilden einen dichten Blütenteppich, während die buschig wachsenden Pflanzen durch ihre großen, trichterförmigen Blüten auffallen. Die Pflanze bevorzugt einen warmen und sonnigen Standort, der allerdings windgeschützt sein sollte. Sie wächst gut in normaler Gartenerde, verlangt jedoch immer reichlich Wasser, wobei allerdings auch hier Staunässe vermieden werden soll. Die Pflanze ist dankbar für regelmäßiges Besprühen der Blätter mit Wasser, das ebenso wie das Gießwasser nicht zu kalkhaltig sein darf. Eine Düngung sollte sparsam und möglichst nur mit Kompost erfolgen. Der Elfenspiegel blüht üppig und farbenfroh ab Mai bis August. Schneidet man die Pflanze nach der ersten Blüte zurück, so erreicht man eine Nachblüte bis in den Herbst hinein. Die Blütenrispen können 25 bis 60 cm lang werden. Die Vermehrung der Pflanze erfolgt ausschließlich über Aussaat, die von Februar bis April im Haus erfolgen kann. Ab Ende April kann auch direkt ins Freie gesät werden. Die Keimdauer beträgt etwa 3 Wochen, wobei die Temperaturen idealerweise bei 12 bis 15 Grad liegen sollen. Im Herbst kann man auch den reifen Samen von den eigenen Pflanzen ernten und zur Aussaat verwenden.

Fuchsien *(Fuchsia spec.)*

Die Fuchsien, ursprünglich ist ihre Heimat Südamerika, gehören zur Familie der Nachtkerzengewächse und zählen wegen ihrer Schönheit und der schier unendlichen Vielfalt der Zuchtformen zu den beliebtesten Schmuckpflanzen unserer Gärten und Balkone. Die Wuchshöhe reicht von 20 cm bis 5 m. Ihre Blüten bestehen aus einem Fruchtknoten, der von den Blütenblättern umhüllt ist, deren Farbspektrum von weiß über rosa, rot bis lila und blau reicht. Es gibt Sorten mit bis zu 10 cm großen Blüten.

Fuchsien gedeihen am besten bei gemäßigten Temperaturen und blühen im Frühjahr und ab Spätsommer am reichsten, da sie die heißen Sommertage nicht so mögen. Als Standort ist für die meisten Sorten ein leicht beschatteter Platz ideal. Alle Fuchsien benötigen viel Wasser und lieben feuchtwarme Luft. Bei Wassermangel fallen die Blüten ab. Einmal pro Woche sollten sie in der Blütezeit mit einem geeigneten Spezialdünger gedüngt werden. Da die Fuchsien nicht frosthart sind, muss man sie im Haus überwintern. Dies ist am unproblematischsten in einem nicht sehr hellen Raum bei 5 bis 10 Grad. Im Frühjahr schneidet man die Geiltriebe zurück und stellt sie nach den Eisheiligen ins Freie.

Fuchsien können sehr alt werden, da die Pflanze bei guter Pflege verholzt, ein jährlicher Rückschnitt vorausgesetzt. So können Fuchsien in Kübeln und Trögen Jahrzehnte alt werden und sie werden immer schöner und wertvoller. Fuchsien kann man auch gut durch Stecklinge vermehren.

Gazanie *(Gazania* spec.*)*

Gazanien gehören zu der großen Familie der Mittagsblumen und werden auch Mittagsgold oder Sonnentaler genannt. Eigentlich in Südafrika beheimatet, zieren die hübschen Blumen weltweit Gärten und Parks. Sie eignen sich gut für die Bepflanzung von Balkonkästen und sind problemlos, wenn man sie an einem sonnigen Standort reichlich gießt und die verblühten Teile entfernt. Die Blüten können bis zu 10 cm groß werden und die Farbskala reicht von gelb über karmin, orange bis bronze. Die Blüten schließen sich abends, ebenso bei schlechtem Wetter. Sie blühen von Ende Juni bis zum Frosteintritt und können dann in einem hellen Raum bei Temperaturen von 5 bis 10 Grad gut überwintert werden. Man sollte in dieser Zeit nicht düngen und nur ganz sparsam gießen.

Geranien oder Pelargonien *(Pelargonium* spec.*)*

Die Familie der Geranien oder Pelargonien sind wohl neben den Fuchsien die bekanntesten und auch beliebtesten Balkon- und Topfpflanzen. Deshalb habe ich ihnen in diesem Buch weniger Platz eingeräumt, als ihnen zusteht. Wohl jeder Hobbygärtner kennt sie und schätzt sie wegen ihrer unproblematischen Haltung. Sie sind resistent gegen Krankheiten und Schädlinge und kommen durchaus auch mal über einen längeren Zeitraum mit wenig Wasser aus. Ihre Sortenvielfalt kann man in vier Familien teilen: Hängegeranien, Duftgeranien, Edelpelargonien und stehende Geranien. Sie sind anspruchslos an Standort und Erde und lassen sich gut in hellen, frostfreien Räumen überwintern. In diesem Fall blühen sie durch, oder man stellt sie in den Keller, dann sollte man im Frühjahr die Triebe stark zurückschneiden, da sie nur an den Neutrieben wieder Blüten ansetzen. Die Abbildungen zeigen die Blüten von ungewöhnlich schönen Zuchtformen der Geranie.

Glockenblume *(Campanula)*

Auch wenn die Glockenblumen nur eine relativ kurze Blühdauer von Juni bis August haben, lohnt es sich, mit diesen hübschen Blumen Blumenkästen oder Ampeln zu schmücken. Neben den mittelhohen und hohen Pflanzen für große Gefäße gibt es auch niedrige, teilweise Polster bildende oder hängende Arten. An den kräftigen pyramidenförmigen Pflanzen hängen zahlreiche glockenförmige Blüten. Die Blütenfarbe ist je nach Sorte weiß, rosa, lichtblau, dunkellila, dunkelblau und dunkelviolett. Glockenblumen harmonieren hervorragend mit Farnen und anderen Grünpflanzen. Sie passen gut in naturnah gestaltete Kästen oder Kübel. Auch als Schnittblumen lassen sie sich zu wunderschönen Sträußen binden. Sie mögen nährstoffreiche Erde und mäßiges Gießen. Vermehrt werden sie durch Aussaat und sie überstehen durchaus den Winter, wenn man sie vor den ärgsten Frösten durch Abdeckung schützt.

Husarenknopf *(Sanvitalia procumbens)*

Der Husarenknopf, auch Aztekengold genannt, bildet in seiner Heimat Südamerika ganze Blütenteppiche auf den Feldern und gilt dort als „Unkraut". Bei uns ist er eine geschätzte und hübsche Zierpflanze, die von April bis zum ersten Frost üppig blüht. Die Pflanze ist robust und sehr pflegeleicht und stellt keine besonderen Ansprüche an Boden oder Standort, sie verträgt volle Sonne. Welke Blüten sollte man abschneiden und ab Juli kann man kahl gewordene Pflanzen kräftig zurückschneiden, die neuen Triebe werden bald wieder Blüten ansetzen.

Den Samen der einjährigen Pflanze kann man ab März im Haus anzüchten und dann ab April die Jungpflanzen ins Freie setzen. Einfacher ist es, ab April die Jungpflanzen zu kaufen, da diese meist schon Blüten angesetzt haben. Die neueren Sanvitalia-Züchtungen erfordern auch kein Abzupfen verwelkter Blüten. Alle zwei Wochen sollte man sparsam düngen und die Erde immer mäßig feucht halten.

Kapuzinerkresse *(Tropaeolum)*

Kapuzinerkresse ist eine altbekannte und sehr vielseitige Sommerblume. Die in Südamerika beheimatete Staude wird bei uns einjährig kultiviert. Sie ist als Salat, Gemüse und Würzkraut ebenso beliebt wie als Bodendecker oder Kletterpflanze zum Beranken von Pergolen und Gittern. Kultiviert werden sowohl niedrige, kugelförmig-buschartig wachsende Formen wie *Tropaeolum majus* als auch hoch kletternde, reich blühende Schlingpflanzen wie *Tropaeolum peregrinum*. Die schönen Blüten, einfach, halbgefüllt oder gefüllt, zeigen sich von Juni bis zum ersten Frost vom zarten Gelb bis zum intensiven Rot. Die Pflanze liebt einen sonnigen, windgeschützten Standort und einen mäßig nährstoffreichen, lockeren Boden. Ausgesät wird im April in Töpfen mit jeweils 3–4 Samenkörnern. Sie keimen innerhalb von 3 Wochen bei Zimmertemperatur und werden hell und nicht zu feucht weiterkultiviert. Mitte Mai werden die Jungpflanzen im Abstand von 20–25 cm ausgepflanzt.

Klematis oder Waldrebe *(Clematis)*

Die vielseitig verwendbare Kletterpflanze kommt auf allen Kontinenten vor und umfasst über 200 Arten. Die Arten unterscheiden sich zwischen den etwas anspruchsvolleren Hybriden und den robusten Wildarten. Die wohl bei uns am meisten vorkommende Art ist die blaublütige *Clematis alpina*, die bis zu 3 m hoch rankt. Durch die große Sorten- und Artenvielfalt der Waldreben findet sich für jeden Standort die Richtige – egal ob für schattige, halbschattige oder sonnige Plätze. Auf jeden Fall aber sollte eine Kletterhilfe (z.B. Klettergerüst) vorhanden sein. Ein regelmäßiger Rückschnitt fördert die Blühfreudigkeit und das Wachstum neuer Triebe. Während der Wachstumsphase soll die Pflanze wöchentlich gedüngt werden, in der Blütezeit reicht es dann alle zwei bis drei Wochen. Die meisten Arten sind frosthart und werden nach dem Verwelken im Spätherbst bis auf 5 cm über der Erde abgeschnitten. Sinnvoll ist im Winter eine Abdeckung mit Reisig.

Lavendel *(Lavandula angustifolia)*

Seit Urzeiten schätzt man den angenehmen Duft dieser Blütenpflanze. Ob als Grundstoff für Parfum oder getrocknet als Zier- und Duftstrauß ist Lavendel geschätzt und wird in Südfrankreich gewerbsmäßig zur Gewinnung des Lavendelöls angebaut. Der kleine, robuste Strauch wird bis zu 1 m hoch und kann im Laufe der Jahre zu einem knorrigen Gehölz heranwachsen. Die Blütenrispen tragen unzählige kleine, violette Blüten und zeigen sich ab Ende Juni bis zum Spätherbst. Lavendel ist an trockene, vollsonnige Standorte angepasst und braucht nur wenig Wasser, daher muss die Erde auch nur mäßig feucht gehalten werden. Im Herbst sollte man die Pflanze stark zurückschneiden, macht man dies erst im Frühjahr, so blüht Lavendel sehr spät oder in dem Jahr gar nicht. Die Art *Lavandula angustifolia* ist frosthart und hält Schädlinge von den Nachbarpflanzen fern, daher eignet sie sich ausgezeichnet in Gemeinschaft mit Rosen.

Oleander *(Nerium oleander)*

Oleander verkörpert mediterranen Lebensstil und ist eine äußerst beliebte Kübelpflanze. Die Zuchtformen tragen meist gefüllte Blüten der Farben Weiß, Gelb, Lachs, Orange und Rot, die Wildform mit den einfachen Blüten ist weiß oder rosa. Der immergrüne Strauch kann bis zu 3 m hoch werden. Oleander gedeiht am besten in lehmig-humoser Gartenerde und hat in der Blütezeit einen hohen Wasserbedarf. Der Standort soll vollsonnig sein, am besten an einer Wand, die in der Nacht ihre Wärme abgibt. Oleander ist nicht frosthart. Obwohl er im Herbst Temperaturen bis 0 Grad verträgt, sollte er in einem Raum mit wenig Licht bei Temperaturen nicht über 10 Grad überwintert werden. Ist ein Rückschnitt nötig, weil der Busch zu groß geworden ist, so sollte dies nur im Herbst erfolgen, da sonst die Blütenbildung beeinträchtigt wird. Oleander ist in allen Pflanzenteilen giftig und entsprechend vorsichtig sollte man mit dem Kontakt umgehen.

Pantoffelblume *(Calceolaria)*

In ihrer Heimat Chile wird die Pflanze als Halbstrauch bis zu einem Meter hoch, während sie bei uns als klassische Topfpflanze nur bis 25 cm groß wird. Die aufgewölbten Blüten in Pantoffelform leuchten in gelb, orange, rot, und in diesen Farben gemischt.

Die hübsche Blume bevorzugt einen regen- und windgeschützten, sonnigen bis halbschattigen Standort. Die Erde soll locker und nicht zu nährstoffreich sein, wobei sie in der Blütezeit immer ausreichend gegossen werden muss. Ein regelmäßiges Entfernen der Samenstände verstärkt die Blüte bis zum Herbst.

Vermehrt wird die Pflanze durch Aussaat im Winter in Töpfen und die Jungpflanzen werden nach dem Pikieren ab Mai ausgepflanzt. Einfacher ist es, ab Ende April im Handel schön blühende Pflanzen zu kaufen.

Petunien *(Petunia)*

Die im Laufe der Jahre entstandenen Zuchtformen der Petunie, die in Südamerika beheimatet ist, sind fast unüberschaubar was Farben und Formen anbelangt. Ihre Größe reicht von 20 cm bis 80 cm, Hängepetunien können auch 120 cm erreichen.

Petunien vertragen die volle Sonne, ihr Standort sollte aber windgeschützt sein.

Durch die vielen üppigen Blüten, die oft die Blätter der Pflanze vollständig bedecken, benötigen sie viel Wasser und sollen mindestens wöchentlich gedüngt werden. Das Entfernen verblühter Blütenstände erhöht bei den meisten Arten die Blühfreudigkeit.

Sie blühen ab Ende Mai bis zum ersten Frost und sind einjährige Pflanzen, die nach dem ersten Frost absterben. Man kann sie im Haus überwintern, was sich aber letztlich, ebenso wie die Selbstzucht, kaum lohnt, da die Gärtnereien im Frühjahr ein reichhaltiges Angebot an preiswerten und immer wieder neuen Züchtungen als Jungpflanzen anbieten.

Primeln *(Primula)*

Die Primelgewächse sind eine große einheimische Pflanzenfamilie mit einer reichen Farben- und Formenpalette mit zirka 500 Arten, die auf der ganzen Nordhalbkugel der Erde verbreitet sind. Hierzu zählen auch unsere bekannten Schlüsselblumen (kleine Abb.), ebenso wie Kissenprimeln oder viele Hybridformen (Abb. oben). Die meisten Arten sind frosthart, viele Hybridformen vertragen jedoch nur leichten Frost, je nachdem wie sie aufgezogen wurden. Die Kissenprimel, auch Garten- oder Frühlingsprimel genannt, blüht in milden Wintern schon ab Weihnachten, meist jedoch ab März nach der Schneeschmelze. Die Primeln sind anspruchslos an Standort und Erde, vertragen aber am besten Halbschatten. Sie

lassen sich gut in Balkonkästen oder Töpfen halten, sollten aber jedes Jahr neu gepflanzt werden, da sie als Frühjahrsblüher für den Rest des Jahres nur unscheinbare Blätter zeigen. Die Jungpflanzen sind ab Anfang März sehr preiswert erhältlich.

Schwarzäugige Susanne *(Thunbergia alata)*

Die aus Asien und dem tropischen Afrika stammende, kletternde Staudenpflanze mit ihren zweifarbigen Blüten, auch Schwarze Susanne genannt, fühlt sich auf Balkons sehr wohl, wenn man ihr einen vollsonnigen, aber windgeschützten Platz gibt. Ihren Namen hat sie von der braunen bis schwarzen Blütenmitte. Die Pflanze klettert bis zu 2 m hoch und blüht von Mai bis Ende Oktober. Die Pflanzerde sollte lehmig sein. Reichliches Gießen und wöchentliche Düngung belohnt die Schwarze Susanne mit üppigem Blütenreichtum. Verwelkte Blüten sollte man abzupfen. Es lohnt sich kaum, die Pflanze zu überwintern, da man sie im Frühjahr stark zurückschneiden muss und sie dann sehr spät mit dem Blühen anfängt. Man sollte sie außerdem komplett in neue Erde umtopfen. Ab April bieten Gärtner die Jungpflanzen an, die bald das Blühen anfangen.

Enzianbaum *(Lycianthes rantonnetii)*

Der Enzianbaum oder Enzianstrauch (früher *Solanum rantonnetii*), auch Blauer Kartoffelstrauch oder Kartoffelbaum und Blauer Nachtschatten genannt, wurde früher den Nachtschattengewächsen zugeordnet, die mit den Kartoffeln verwandt sind. Inzwischen wurde er einer eigenen Gattung zugeordnet. Das einzige, was er mit dem Enzian gemeinsam hat, ist die Farbe seiner Blüten. Der Enzianbaum braucht einen windgeschützten, vollsonnigen Standort mit viel Wärme. Während der Vegetationsperiode muss viel gegossen werden, wobei Staunässe unbedingt zu vermeiden ist, und ein- bis zweimal pro Woche Dünger ist nötig. Nur dann ist er unproblematisch über Jahre zu halten und dankt es nach dem Überwintern mit vielen Blüten. Vor dem ersten Frost muss der Enzianbaum in einen hellen, 10 bis 12 Grad warmen Raum gebracht werden und wird sparsamer gegossen. Im Frühjahr soll er in gute Blumenerde umgetopft werden.

Der Enzianbaum ist nicht ganz unproblematisch zu halten, besonders nach der Überwinterung, deshalb sollte man bei Problemen fachmännischen Rat einholen.

Sonnenblume *(Helianthus annuus)*

Die Sonnenblume hat eine weltweite Verbreitung und wird wegen ihres Öls als Nutzpflanze in großem Umfang angebaut. Dies mindert jedoch nicht ihre Attraktivität als schöne Schmuckpflanze. Ihr Erkennungsmerkmal sind die riesigen, gelben Blütenköpfe, die bis zu 60 cm Durchmesser groß werden können und je nach Art auch rötlich bis rotbraun sind. Sie bestehen aus vielen kleinen und unscheinbaren Blüten in der Mitte, die von meist gelben Blättern umgeben sind. Jede dieser Blüten bringt einen Sonnenblumenkern hervor, eine Befruchtung vorausgesetzt. Obwohl die Sonnenblume nicht als klassische Balkonblume bekannt ist, lässt sie sich leicht in Kübeln, die nicht kleiner als 35 cm Durchmesser haben, ziehen, indem man sie einfach direkt aussät. Mehr als zwei Pflanzen sollte man nicht in einem Gefäß belassen. Sie sind einjährig und benötigen einen windgeschützten, aber vollsonnigen Standort. Sie benötigen viel Wasser und regelmäßige Stickstoffdüngung (Grünpflanzendünger).

Wandelröschen *(Lantana camara Hybriden)*

Etwa 150 Arten des in Afrika und Südamerika beheimateten Wandelröschens sind bekannt. Bei uns werden als Kübelpflanzen meistens die Lantana-Hybriden, zumeist Hochstämme, angeboten. Es gibt viele ein- und zweifarbige Sorten, die im Laufe der Blühdauer ihre Farbe wechseln. Der Standort sollte windgeschützt und vollsonnig sein. Es muss nur mäßig gegossen werden, wobei der Ballen nie austrocknen darf. Eine Düngung reicht in der Blütezeit alle 2 bis 3 Wochen. Verblühte Dolden schneidet man ab, um die Blühkraft zu verbessern. Auch neue Triebe sollte man etwas zurückschneiden. Die Pflanze ist frostempfindlich und muss auf jeden Fall vor dem ersten Frost in einen hellen, ca. 5–10 Grad war-

men Raum gebracht werden. Zuvor kann man die Äste um etwa ein Drittel zurückschneiden, um im Frühjahr den Neuaustrieb zu fördern, da die älteren Äste immer weniger Blüten hervorbringen. Bekommt die Pflanze zuwenig Licht, kann es sein, dass sie alle Blätter abwirft. Das Wandelröschen treibt dann im Frühjahr wieder aus, sobald es wieder mehr Licht bekommt. Im Winterquartier sollte nur noch so viel gegossen werden, dass der Ballen nicht austrocknet, auf Düngung wird ganz verzichtet. Ab Mitte Februar sollte die Pflanze so warm und so sonnig wie möglich stehen, damit die Neutriebe wieder kräftig austreiben. Die ersten dünnen, fast weißen bis hellgrünen Geiltriebe sollte man jedoch entfernen. Es empfiehlt sich auch ein Umtopfen, bei dem man eine Drainageschicht mit Blähton in den Topf einbringt, um Staunässe zu vermeiden. Nach dem Austreiben der neuen Triebe wird die Pflanze wieder normal gegossen und gedüngt. Das Wandelröschen verlangt in der Pflege vielleicht etwas mehr Aufwand als andere Pflanzen, belohnt dies aber sicher durch seine schönen Blüten über den ganzen Sommer hinweg.

Wicke (Vicia)

Die Wicken gibt es in vielen Wuchsformen und Farbvarianten, bekannt macht sie aber ihr herrlicher Duft. Für die Kultur in Kästen und Töpfe eignen sich sowohl die großblütigen und langstieligen Sorten wie die Spencer Hybriden, als auch die buschigen und rankenden Sorten, welche auch noch intensiver duften. Zieht man diese schönen Blumen auf dem Balkon, so hat man auch immer Schnittblumen für die Vase, da Wicken umso üppiger blühen, je regelmäßiger man sie schneidet.

Wicken sät man am besten jedes Jahr neu im Februar in kleine Torftöpfe, in denen man sie später endgültig auspflanzen kann. Wicken wachsen gut in humosem Boden, der mit etwas Kalk gedüngt wird und mäßig, aber regelmäßig gegossen wird. Der Standort kann vollsonnig bis halbschattig sein. Die Pflanzen eignen sich gut zum Beranken von Gittern, Spalieren und Pfosten, wobei man sie die erste Zeit vorsichtig anbinden sollte.

Wucherblume (Tanacetum)

Mit ihren leuchtenden Faben fallen die gänseblümchenartigen Blüten von Tanacetum coccineum auf und niemand glaubt, dass sie mit der bekannten Wiesenmargerite verwandt ist.
Ab Frühsommer entfalten sich die einfachen Blüten an aufrechten Stielen zu einem Durchmesser von 5–6 cm. Sie sind

gefüllt oder ungefüllt und präsentieren sich in den verschiedensten Rot- und Rosétönen oder in Weiß. Mit ihrem nostalgischen Charme machen sich die Blütenstiele von Tanacetum gut in rustikalen Sträußen. Die Pflanzen sind frosthart und mehrjährig und können gut in Kästen oder Töpfen gezogen werden. Sie stellen keine besonderen Ansprüche an den Standort, müssen aber regelmäßig und reichlich gegossen werden. Wenn man die Stängel gleich nach dem Verblühen abschneidet, blühen sie mitunter erneut im Spätsommer. Die Vermehrung erfolgt durch Aussaat zum Frühlingsanfang oder man teilt bei 3- bis 4-jährigen Pflanzen die Wurzelballen entweder im Frühjahr oder nach der Blüte im Hochsommer.

Zauberglöckchen *(Calibrachoa)*

Mit ihren unzähligen Blüten machen die Zauberglöckchen den ganzen Sommer über Freude. Die attraktiven Pflanzen eignen sich gut für Ampeln, Kübel und Balkonkästen. Es gibt sie in vielen Farben und sie lassen sich ideal mit anderen Balkonpflanzen kombinieren. Sie haben einen breit ausladenden bis überhängenden Wuchs. Mit ihrer Blütenform ähneln sie den kleinblütigen Petunien, sie sind aber eine eigenständige Pflanzengattung und nicht so empfindlich gegen Wind und Regen wie die Petunien. Sie mögen einen hellen und sonnigen Standort, sollten immer reichlich gegossen werden und benötigen regelmäßig Dünger. Sollten die Blätter immer heller werden oder gar gelb, so benötigen sie zusätzlich Eisendünger. Ein gelegentliches Zurückschneiden regt die Blütenbildung an und die Pflanze wird insgesamt buschiger. Die Vermehrung erfolgt durch Aussaat, lohnt sich aber kaum, da man durch das starke Wachstum der Pflanze nur wenige Exemplare benötigt.

Ziersalbei *(Salvia* spec.*)*

Der Ziersalbei, auch als Gartensalbei oder Steppensalbei bekannt, eignet sich durch seine robuste Anspruchslosigkeit hervorragend für Pflanzengemeinschaften auf dem Balkon oder der Terrasse. Es gibt viele Zucht- und Wildformen von Salbei mit Blüten in unterschiedlichsten Farben.

Der Garten- oder Ziersalbei ist ein unermüdlicher Blüher, der mit seinen violetten oder blauen Blüten von Mai bis Oktober seine Pracht entfaltet. Alle Salbeiarten lieben einen warmen Standort und vertragen gut die pralle Sonne, wobei sie nicht zu feucht gehalten werden dürfen. Man sollte erst wieder gießen, wenn die oberste Erdschicht getrocknet ist.

Viele Arten sind winterhart, benötigen jedoch in Kübeln oder Pflanzkästen bei strengen Frösten eine Abdeckung aus Laub oder Stroh oder man überwintert sie an einem kalten, aber frostfreien Platz.

Nach der Blüte oder im zeitigen Frühjahr vor Austriebsbeginn (ab Mitte Februar bis März) soll man die Pflanzen etwa handhoch zurückschneiden.

Zinnie *(Zinnia)*

Die Zinnie aus der Familie der Korbblütler stammt aus Mexiko und kam im 18. Jahrhundert nach Europa. Heute ist sie bei uns mit über 20 Arten vertreten. Die einjährige Pflanze gilt als problemlos und eignet sich gut zur Haltung in Balkonkästen und Kübeln. Ein besonders hübsches Bild gibt sie in der Gemeinschaft von Lavendel und Salbei ab. Die bis zu 5 cm großen Blüten gibt es von weiß über gelb, orange, rosa und violett bis hin zu den verschiedensten Rottönen. Die Blütezeit reicht von Juli bis Oktober. Je nach Sorte variiert die Wuchshöhe von 15 bis 80 cm und somit ist man in der Lage, für jeden Standort die richtige Pflanzengröße zu finden.

Die Zinnien bevorzugen einen warmen Ort in voller Sonne, denn sie vertragen auch große Hitze sehr gut. Während der Blütezeit sollten sie wöchentlich einmal gedüngt werden. Gegossen wird mäßig, da Zinnien keinen großen Wasserbedarf haben und sogar kurzzeitige Trockenheit überstehen. Vermehrt werden Zinnien durch Aussaat ab Februar bis März in Töpfen oder unter Glas, oder ab Mai ins Freiland. Die Keimung benötigt zwei bis drei Wochen. Jungpflanzen werden in der Regel im Mai und Juni gepflanzt. Der Pflanzabstand

sollte nicht enger als 25 cm sein, um eine gute Entwicklung der Pflanze zu gewährleisten. Junge Pflanzen kann man stutzen um mehr Blütenknospen zu erhalten. Um eine lange und reiche Blüte zu erreichen, sollte man die verblühten Köpfe der Pflanze entfernen.

Kräuter im Minigarten

Beim Kauf von Pflanzen sollte man auf Bioqualität achten. Diese Pflanzen sind etwas teurer, aber von ausgesuchter Qualität und was ganz wichtig ist, die Pflanzerde ist weniger mit Schadstoffen belastet. Es ist auch zu raten, dass man dann diese Pflanzen ausschließlich mit Mitteln düngt, die das Biosiegel tragen.

Auf den folgenden Seiten werden einige Kräuterarten vorgestellt, die häufig beim Kochen Verwendung finden und nahezu problemlos im Minigarten von Balkon oder Terrasse gepflanzt werden können. Diese Vorschläge kann man selbstverständlich durch eigene Auswahl ergänzen und man findet bei spezialisierten Gärtnern hierzu gute Beratung.

Die Abbildungen auf dieser Seite zeigen, wie optisch eindrucksvoll die Artenvielfalt im Anbau von Kräutern sein kann.

Schon sehr früh erkannten die Menschen den großen Nutzen der Kräuter und verwendeten sie zur Veredelung ihrer Speisen und zur Heilung von Krankheiten. Somit zählen sie wohl zu den ältesten Zuchtpflanzen. Durch die moderne Pharmazie verloren sie lange Zeit immer mehr an Bedeutung und erleben jetzt wieder ihre Renaissance nicht nur als Heilpflanzen. Kein Spitzenkoch kommt mehr an der Verwendung frischer Kräuter vorbei und der Anbau von Gewürzpflanzen boomt nicht nur in Großgärtnereien. Egal wie klein ihr Garten, ihre Terrasse oder ihr Balkon sein mag, Raum für würzige Kräuter finden sie überall. Sie gedeihen gut in Töpfen, Trögen und Balkonkästen, man kann sie zwischen Gemüse und Zierpflanzen setzen. Sie können dekorativ auf Fensterbänken arrangiert werden oder ein altes Wagenrad verzieren. Nahezu alle Küchenkräuter und Würzpflanzen kann man in Töpfen halten und das in Gärtnereien und im Fachhandel angebotene Sortiment ist überwältigend.

Basilikum *(Ocimum basilicum)*

Basilikum stammt ursprünglich aus Indien und die Blätter sind eine beliebte Würze bei vielen Gerichten. Basilikum lässt sich leicht in Töpfen oder Balkonkästen ziehen. Die meisten Basilikumarten sind einjährig und nur aus Samen jedes Jahr zu ziehen.

Die Pflanzen sollten nicht zu viel gegossen werden und die Blüten sollte man ausbrechen, damit die Blattbildung angeregt wird. Die Pflanzen sind frostempfindlich und stellen im Herbst ihr Wachstum ein. Man kann die Pflanzen auch einige Zeit in der Wohnung an einem hellen Standort halten.

Standort: sonnig, warm, windgeschützt
Verwendung: frische oder getrocknete Blätter zu Tomaten-, Geflügel- und Fischgerichten (nicht mitkochen), ebenso zu Salaten und Soßen, frische Blätter können auch gehackt zu dem bekannten „Pesto Genovese" verarbeitet werden oder man kann sie zusammen mit weiteren Kräutern wie Knoblauch, Thymian, Rosmarin, Salbei und Oregano in Olivenöl zu Würzöl ansetzen.

Bohnenkraut *(Satureja hortensis* bzw. *Satureja montana)*

Das Bohnenkraut stammt aus Südeuropa und Kleinasien. Das Sommerbohnenkraut *(S. hortensis)* ist einjährig und nicht winterhart, das Winterbohnenkraut *(S. montana)* dagegen kann man über mehrere

Jahre im Freien halten. Die Aufzucht erfolgt durch Samen beim Sommerbohnenkraut, beim Winterbohnenkraut kauft man besser Jungpflanzen oder Stecklinge, da es langsam keimt. Die Blattbildung fördert man durch Beschnitt der Pflanzen vor der Blüte. Das Winterbohnenkraut sollte im Herbst stärker geschnitten werden, damit es sich buschiger entwickelt. Für den Wintervorrat wird es vor der Blüte geschnitten und gebündelt getrocknet. Die abgestreiften Blätter werden in einem geschlossenen Glas aufbewahrt, so behält es sein kräftiges Aroma.

Standort: volle Sonne, trocken, windgeschützt
Verwendung: das pfefferähnliche Aroma passt gut zu Bohnengerichten, aber auch zu deftigen Eintöpfen und Fleisch- und Fischgerichten, wegen des starken Aromas sollte es vorsichtig verwendet werden.

Dill *(Anethum graveolens)*

Die einjährige Pflanze mit ihren fadenförmigen Blättern stammt aus Asien. Da die Pflanze einen Einjahres-Zyklus hat, werden die Samen im Frühjahr in Töpfe gesät.

Falls die Keimlinge zu dicht stehen, sollte man sie auslichten, da die Pflanzen über 1 Meter groß werden können. Um den ganzen Sommer Dill frisch zur Verfügung zu haben, empfiehlt sich eine mehrfache Aussaat in Abständen von 2 bis 3 Wochen. Lässt man die Dolden der Blütenstände ausreifen, so kann man selbst den Samen für die Aussaat im nächsten Jahr gewinnen. Die Stängel eignen sich auch gut zur Dekoration in Kräuter- oder Bauernsträußen.

Standort: sonnig, windgeschützt
Verwendung: Dill ist ein beliebtes Gewürz für Essiggurken, die frischen Blätter sind sehr aromatisch und eignen sich gut zusammen mit Zitrone, Essig, Sahne oder Joghurt für Salatsaucen, ebenso ist er bei Fischgerichten und Kartoffeln geschätzt. Dill sollte immer frisch dazugegeben werden. da er gekocht viel Aroma verliert.

Estragon *(Artemisia dracunculus)*

Estragon gehört zur großen Familie der Artemisia-Arten und ist mit Beifuß und Wermut verwandt. Es gibt in Europa den französischen und den russischen Estragon, wobei nur der russische winterhart ist, der französische muss bei Frost abgedeckt werden. Die russische Art wird durch Saat gezüchtet, den französischen kauft man als Jungpflanze, da dieser nur durch Wurzelteilung vermehrt werden kann. Beide Arten eignen sich gut als anspruchslose Topfpflanzen, brauchen jedoch viel Sonne, um das volle Aroma zu entwickeln. Die Erde sollte nicht zu nass gehalten werden, da die Pflanze eher trockene Böden bevorzugt. Die Blüten sollte man ausbrechen, um die Blattbildung zu fördern. Die Estragonzweige trocknet man langsam bei niederen Temperaturen, danach rebelt man die Blätter ab. Mehr Aroma bleibt erhalten, wenn man die Blätter tiefgefroren aufbewahrt.

Standort: sonnig
Verwendung: frisch oder getrocknet zu Soßen, Suppen, Fischgerichten, kann mitgekocht werden.

Liebstöckel *(Levisticum officinalis)*

Diese robuste und winterharte Pflanze wird auch wegen ihres Geschmacks Maggikraut genannt. Sie ist durch Säen leicht zu ziehen, die Vermehrung kann aber auch durch Teilen des Wurzelstockes im Herbst oder Frühjahr erfolgen. Auf dem Balkon gedeihen die Pflanzen am besten in etwas größeren Töpfen oder Kübeln, in denen sie auch überwintern können. Im Winter sterben die oberirdischen Teile ab. Im Frühjahr gehört Liebstöckel zu den ersten Kräutern, die mit ihrem Austrieb das Winterende ankündigen.

Standort: sonnig bis halbschattig

Verwendung: Die Blätter von Liebstöckel haben einen aromatischen sellerieartigen Geschmack. Man verwendet sie zu Salaten, Suppen, Gemüsen, zu allen Fleisch- und Fischarten. Sie können mitgekocht werden, verlieren dann allerdings ihre Farbe. Die getrockneten Samen und die geraspelten Wurzeln haben sehr starke Würzkraft, man sollte anfänglich sparsam dosieren. Liebstöckel eignet sich in der Diätküche auch hervorragend als Salzersatz.

Majoran *(Origanum majorana)*

Diese ursprünglich aus Kleinasien stammende Gewürzpflanze zählt wohl überhaupt zu den bekanntesten Gewürzen. Obwohl manche Majoranarten mehrjährig und winterhart sind, sollte man die einjährigen Pflanzen wegen ihres stärkeren Aromas bevorzugen. Man kann sie ab März im Haus in Töpfen durch Aussaat vorziehen und nach Frostende auspflanzen. Das kräftige Aroma ist schon bei den Jungpflanzen und auch bei einer Aufzucht im Winter vorhanden. Ab Juni sollte man vor der Blütezeit ganze Stängel schneiden und gebündelt trocknen.

Standort: sonnig bis halbschattig

Verwendung: Majoran hat einen hohen Anteil an ätherischen Ölen, die neben der kräftigen Geschmacksnote eine konservierende Wirkung haben und das Ranzigwerden von Fetten wie ausgelassenes Schweine- oder Gänseschmalz verzögern. Es kann frisch oder getrocknet angewendet werden und passt zu deftigen Eintöpfen, allen fetten Fleischgerichten, zu Leber, ebenso zu Hülsenfrüchten und Kartoffelgerichten.

Oregano *(Origanum vulgare)*

Diese für die mediterrane Küche nicht wegzudenkende Gewürzpflanze, auch Dost oder Wilder Majoran genannt, ist tatsächlich eine enge Verwandte des uns bekannten Majorans. Oregano hat einen kräftigeren Geschmack und unterscheidet sich durch größere Blätter vom Majoran. Oregano ist eine winterharte Pflanze, die gut in Töpfen und Balkonkästen gehalten werden kann. Die Vermehrung erfolgt durch Aussaat oder Wurzelteilung älterer Pflanzen. Ab Juli zeigt die Pflanze eine üppige rosaviolette Blütenpracht. Möchte man Oregano trocknen, so schneidet man die Stängel vor der Blüte ab und trocknet sie gebündelt aufgehängt an einem schattigen Ort.

Standort: sonnig, möglichst warm und trocken

Verwendung: Oregano ist in der italienischen und gesamten Mittelmeerküche ein wichtiges Gewürz und findet bei allen Tomatengerichten, Omeletts, italienischen Soßen und Lammgerichten Anwendung. Auf der Pizza ist es wohl das wichtigste und dominierende Gewürz.

Petersilie *(Petroselinum crispum)*

Dieses beliebte Gewürzkraut ist in der deutschen Küche unentbehrlich und somit wohl in jedem Kräutergarten vertreten. Die Petersilie gibt es in drei Grundvarianten: einmal die Schnitt- oder Blattpetersilie mit krausen oder glatten Blättern und die Wurzelpetersilie, bekannt als Bestandteil vom Suppengrün. Nur die Blattpetersilie eignet sich zur Zucht in Gefäßen. Sie zählt zu den zweijährigen Pflanzen und wird im Frühjahr im Haus vorgezogen und dann in Töpfe oder Kästen verpflanzt. Verhindert man das Blühen der Pflanze durch dauernden Beschnitt, kann die Lebensdauer mehrere Jahre betragen. Die Pflanzen vertragen keine Staunässe und sollten daher sparsam gegossen werden.

Standort: hell, aber keine volle Sonne

Verwendung: Frisch gehackt kann Petersilie den meisten Eintöpfen und Gemüsegerichten beigefügt werden, sie sollte jedoch nicht oder nur kurz mitgekocht werden. Sie verfeinert auch Fisch-, Kartoffel- und Käsegerichte.

Pfefferminze *(Mentha piperita)*

Wohl jeder kennt den unverwechselbaren Geschmack der Minze. Sie ist leicht zu ziehen und breitet sich in Gärten oft sehr schnell aus, was bei der Zucht in Töpfen kein Problem darstellt. Bei der gebräuchlichen Pfefferminze handelt es sich um eine winterharte Zuchtform, die aus anderen Arten gekreuzt wurde. Gezogen wird sie aus Samen oder durch Wurzelteilung. Die Pflanzen gedeihen am besten in feuchter Erde, vertragen jedoch keine Staunässe. Zur Tee- und Gewürzgewinnung sollten die Blätter vor der Blüte gezupft und getrocknet werden und dann am besten in einem geschlossenen Glasgefäß aufbewahrt werden.

Standort: sonnig bis Halbschatten, windgeschützt

Verwendung: Am bekanntesten ist wohl die Verwendung als Tee, hier sollte man auch unbedingt einmal den Aufguss von frischen Blättern probieren. Getrocknet oder frisch passt Pfefferminze zu Lamm, Wild und Soßen, außerdem verleiht sie Süßspeisen, Sorbets und Obstsalaten eine aromatische Frische.

Rosmarin *(Rosmarinus officinalis)*

Dieser immergrüne Strauch stammt aus dem Mittelmeerraum und kommt dort wild vor. Ursprünglich ist die Pflanze nicht winterhart, es gibt aber seit einiger Zeit im Fachhandel winterharte Sorten mit dem Namenszusatz „Blue Winter", „Salem", „Arp", „Hill Hardy" und andere. Diese Sorten vertragen Frost bis ca. −20 Grad, müssen aber bei Haltung in Töpfen unbedingt einen Winterschutz erhalten (s. Kap. Überwinterung). Rosmarin kauft man am besten als Jungpflanzen, da eine Anzucht langwierig und schwierig ist. Rosmarin wird in der Regel immer frisch verwendet, da er getrocknet viel Aroma verliert. Er hat einen intensiven harzigen Geruch und der leicht bittere Geschmack erinnert etwas an Eukalyptus.

Standort: voll sonnig und windgeschützt

Verwendung: Nadeln, Triebspitzen oder ganze Ästchen werden einfach mitgegart. Rosmarin passt zu allen Fleisch- und Fischgerichten, zu Kartoffeln und besonders zu Grillgut.

Salbei *(Salvia officinalis)*

Die Familie des Salbeis umfasst ca. 1100 Arten und ist weltweit verbreitet. Der bei uns häufigste Echte Salbei ist mehrjährig, winterhart und wird inzwischen in vielen Zuchtformen angeboten, die sich alle gut für die Haltung in Töpfen oder Kästen eignen. Es wird der Kauf von Jungpflanzen oder Stecklingen empfohlen, die man in Töpfe mit einer Bodenschicht aus Kies oder Blähton pflanzt, um Staunässe zu vermeiden. Die aromatischen Blätter kann man frisch das ganze Jahr ernten. Zum Trocknen schneidet man im Frühjahr die jungen Triebspitzen und bewahrt sie nach dem Trocknen in einem luftdichten Glas auf. Salbei bekommt sehr schöne Blüten und ist ein Magnet für Bienen und Hummeln.

Standort: voll sonnig und möglichst windgeschützt

Verwendung: Salbei passt zu Nudelgerichten, Fleisch, vor allem Schweinefleisch, Soßen und Fischgerichten. Es macht die Speisen leichter verdaulich und verleiht ihnen eine feine Geschmacksnote.

Schnittlauch *(Allium schoenoprasum)*

Der weltweit verbreitete Schnittlauch ist eine beliebte Pflanze für die Kräuterecke des Balkons und kann im Winter auch auf der Fensterbank gehalten werden. Er ist zwar mehrjährig, sollte aber doch immer wieder neu gesät werden, da die nach dem Schnitt nachwachsenden Stängel mit der Zeit immer dünner werden. Lässt man ihn wachsen, so zeigt er bald zahlreiche rosaviolette Blüten die in einem fast kugeligen Blütenstand vereinigt sind. Schnittlauch sollte immer frisch geschnitten verwendet werden, da er getrocknet oder tiefgefroren sein Aroma fast ganz verliert. Abgeschnittene Halme kann man für einige Tage im Wasser stehend aufbewahren.

Standort: sonnig

Verwendung: frischer Schnittlauch ist köstlich auf Butterbrot, ebenso gibt er zusammen mit anderen Kräutern Salaten und Soßen einen hervorragenden Geschmack. Er dient auch frisch zugesetzt der Verfeinerung von Fischgerichten, gekochten Kartoffeln und Weichkäse.

Thymian *(Thymus vulgaris)*

aussäen und nach den Eisheiligen in Töpfe ins Freie pflanzen. Im Winter benötigen die Pflanzen einen Schutz gegen Frost und sollten mit Reisig abgedeckt werden. Thymian kann man frisch oder getrocknet verwenden. Der getrocknete Thymian sollte zum Schutz des Aromas in einem geschlossenen Glas aufbewahrt werden. Thymian zählt in der Naturheilkunde zu den wertvollsten Kräutern.

Standort: sonnig, möglichst nährstoffarmes Substrat

Es gibt viele Thymianarten die im Mittelmeerraum beheimatet sind und bei dem in der Küche verwendeten handelt es sich um eine Mittelmeerart. Zu den einheimischen Arten zählt der Quendel oder Feldthymian. Thymian gedeiht am besten auf nährstoffarmen Böden und lässt sich gut in Töpfen ziehen. Man kann ihn im März im Haus

Verwendung: die Verwendung von Thymian in der Küche ist vielfältig: zu Suppen, Gemüse, Fisch, Hackbraten, Innereien und Leberknödeln. Auch für Wild- und Geflügelgerichte ist er unentbehrlich.

Zitronenmelisse *(Melissa officinalis)*

cher ist. Werden die Blütenstände im Sommer nicht abgeschnitten, kann es durch den Samen zu einer Ausbreitung kommen. Zitronenmelisse sollte vorwiegend frisch verwendet werden, da sie getrocknet viel Aroma verliert. Ab Mai kann man die Blätter von den Seitentrieben ernten. Das stärkste Aroma haben sie vor der Blüte, zu diesem Zeitpunkt geerntet, kann man sie auch gut tieffrieren.

Standort: bevorzugt sonnig

Diese Melisseart zählt zu den anspruchslosen und leicht zu haltenden Topfpflanzen. Sie wird durch Samen oder Stecklinge kultiviert und kann leicht durch Teilung der Wurzel vermehrt werden. Im Winter benötigt sie Schutz, da sie nicht sehr frostsi-

Verwendung: Die frischen Blätter eignen sich für Salate, Wild-, Fisch- und Geflügelgerichte, Kräutersoßen und Mayonnaise. Auch Fruchtsuppen und -salate, Gelees, Fruchtsaft und Bowlen erhalten eine zarte Minzenote. Nicht zu vergessen ist das frische Melisse-Blättchen auf Eis und anderen Süßspeisen.

Gemüse – zum Naschen und Genießen

Viele Sorten von Obst und Gemüse wurden durch spezielle Züchtungen auf die Haltung in Töpfen und Kästen getrimmt und eignen sich hervorragend für den Balkon- und Terrassengärtner. So ist man auch ohne Garten in der Lage, den ganzen Sommer über Frische zu ernten. Trotz eines ganzjährigen und überreichen Angebotes an frischem Obst und Gemüse in Läden und Märkten ist es doch reizvoll, zum Kochen einige Zutaten vom Balkon zu ernten

oder einfach zum Naschen auf die Terrasse zu gehen. Auf den nächsten Seiten werden einige Arten exemplarisch vorgestellt, die ohne Probleme in Töpfen kultiviert werden können.

Schon im Frühjahr beginnt für den Topfgärtner die Ernte. Meist machen Kräuter wie Schnittlauch und Petersilie den Anfang, bald folgt der erste Salat, der im Schutz des Balkons schneller gedeiht als im Frühbeet. Im Frühsommer folgen die Erdbeeren, dann Tomaten und Paprika. Ab

Mitte Sommer kann man dann Kirschen und Beeren ernten, im Herbst Pflaumen, Birnen und Äpfel.

Es gibt zwei wichtige Tipps für den Topfgärtner, die für den Ertrag entscheidend beitragen, nämlich die Größe der Gefäße und die passende Erde. Je größer der Topf oder Kübel, desto besser hält er die Feuchtigkeit und kann so die Pflanzen besser mit Wasser versorgen. Bei der Erde sollte man auf jeden Fall für die Pflanzen, die essbare Früchte hervorbringen, beste Bioerde wählen. Diese ist zwar etwas teurer, aber weitgehend frei von Schadstoffen, die die Früchte aufnehmen könnten. Ebenso sollte man für diese Kulturen ausschließlich Biodünger verwenden und auf Spritzmittel gänzlich verzichten. Hier zeigen die Seiten 56 bis 59 gute Alternativen für den Pflanzenschutz und die biologische Schädlingsbekämpfung auf.

Aubergine *(Solanum melongena)*

Die Aubergine oder Eierfrucht, eine wahrscheinlich aus Asien stammende einjährige Pflanze, ist mit ihren großen ovalen, samtig behaarten Blättern und den violetten Blüten eine attraktive Gemüsepflanze. Der Name Eierfrucht stammt von den runden, weißgelben Früchten, die sich jedoch nur für eine Kultivierung im warmen Gewächshaus eignen. Jetzt zieht man am häufigsten die Sorten mit dunkelvioletten, birnenförmigen Früchten. Sie wächst buschig und kann bis zu 1 m hoch werden. Auberginen brauchen einen vollsonnigen und warmen Standort und benötigen relativ viel Wasser ohne Staunässe. Die Vermehrung erfolgt durch Aussaat von Februar bis März in Anzuchterde und die Jungpflanzen werden ab einer Größe von ca. 5 cm einzeln in Töpfe pikiert. Ende Mai kann man sie ins Freie an einen windstillen und warmen Standort setzen. Verliert sie Knospen oder Blüten, so ist es der Pflanze zu kalt. Durch Kürzen der Triebe wächst die Pflanze buschiger und setzt mehr Früchte an. Ab Ende Juli kann man in der Regel die Früchte ernten, wenn sie ihre dunkelviolette Farbe erreicht haben, aber noch fest sind und beim Aufschneiden weiße, milchige Samenkörner zeigen.

Zucchini *(Curcubita pepo* spec.*)*

Die Zucchini wird der Pflanzengattung der Kürbisse zugeordnet und ist eine leicht zu ziehende Gemüseart. Die Früchte sind länglich, meist hellgrün, wie im Bild oben mit ihrer schönen Blüte, gelb oder gestreift und können durchaus so groß wie Kürbisse werden. Am besten schmecken sie jedoch wenn man sie nicht größer wie 20 cm werden lässt. Ihr Fleisch ist dann noch fest und von nussartigem Geschmack. Da die Pflanzen reichlich Früchte tragen, benötigt man nur wenige Pflanzen und eine Selbstzucht lohnt sich kaum. Jungpflanzen setzt man ab Mitte Mai einzeln in große Töpfe oder Tröge mit humoser, nährstoffreicher Erde und gießt reichlich. Nach 6 bis 8 Wochen kann man schon die ersten Früchte ernten. Je häufiger man erntet, desto mehr neue Früchte setzt die Pflanze an. Auch die Zucchini lieben einen warmen Standort, sonnig bis halbschattig.

Gurke *(Cucumis sativus)*

Wohl jedem ist die Gurke neben der Tomate als bekanntestes Salatgemüse vertraut. Wie leicht man sie auf dem Balkon ziehen kann ist sicher weniger bekannt. Die einjährige Pflanze, die sowohl liegend als auch kletternd gedeiht und bis zu 4 m lange Triebe entwickeln kann, wird in zwei Zuchtsorten kultiviert, der länglichen Salatgurke, auch Schlangengurke genannt und der gedrungeneren Garten- oder Einlegegurke. Die Gurken gehören zur Familie der Kürbisgewächse und werden durch Aussaat im Frühjahr vermehrt. Sie werden einzeln ab Anfang April in Töpfen vorgezogen und können ab Ende Mai nach den Eisheiligen an einen sonnigen und windgeschützten Standort ins Freie gepflanzt werden. Sie benötigen einen humosen, sehr nährstoffreichen Boden, den man auch im Topf mit Mulch oder dunkler Pflanzfolie abdecken sollte. Dies hält die Erde warm und feucht. Gegossen werden sollte reichlich und nur mit temperiertem Wasser, da sie empfindlich auf zu kaltes Gießwasser reagieren. Durch Kürzen der Triebe erreicht man einen reicheren Fruchtansatz.

Tomate *(Solanum lycopersicum)*

Eigentlich müsste man der Tomate ein eigenes Buch widmen, mit ca. 2500 Zuchtsorten ist sie das sortenreichste Gemüse. Sie kam mit Kolumbus nach Europa und wohl kein anderes Gemüse hat eine derartige Verbreitung in den Küchen der Welt und tausenden von Rezepten gefunden. Die Pflanzen variieren zwischen 20 cm und 2 m Höhe und sind als Nachtschattengewächse eng mit der Kartoffel, der Petunie und dem Tabak verwandt. Somit sind durch ihren Solaningehalt unreife Früchte auch giftig. Tomaten werden ab Anfang März ausgesät und die Jungpflanzen einzeln in Töpfe pikiert. Nach den Eisheiligen werden sie in lockeres und reich gedüngtes Substrat in nicht zu kleinen Töpfen (mind. 10 Liter Erde) ausgepflanzt. Außer den Buschtomaten benötigen die Stämmchen eine Stütze. Tomaten sind wärmeliebend und brauchen regelmäßig Wasser, das am besten leicht angewärmt ist. Eine nächtliche Abdeckung in Form einer Folienhaube fördert das Wachstum und den Fruchtansatz. Seitentriebe sollen in den Blattachseln stets entfernt werden (vom Gärtner zeigen lassen), damit sie besser fruchten. Selbstgezüchtete Tomaten, am richtigen Standort ausgereift, schmecken unvergleichlich besser als die in Supermärkten angebotenen, da diese meist schon im halbreifen Zustand geerntet werden.

Bohnen *(Phaseolus spec.)*

Bohnen sind bei dem Balkongärtner nicht nur als Gemüse beliebt, sondern auch wegen ihrer schönen Blüten als hübscher Schmuck und die rankenden Sorten als praktischer Sichtschutz. Bohnen gibt es als buschige Sorten und kletternd. Die zu den Hülsenfrüchten zählende Pflanze liefert im unreifen Zustand die grünen Bohnen als Schote (nie roh verzehren, da leicht giftig!) und im ausgereiften und getrockneten Zustand deren Früchte, die weißen oder roten Bohnen. Buschbohnen und Stangenbohnen können ab Ende Mai direkt in die vorgesehenen Töpfe ins Freie gesät werden, wobei für einen Topf mit ca. 10 Liter Erde höchstens 2–3 Pflanzen ausreichen. Sie bevorzugen etwas schwerere Böden mit guter Düngung und regelmäßigem Gießen bis zum Herbst. Ab etwa 10 Wochen nach der Aussaat kann man die ersten Bohnen bis in den Herbst hinein ernten.

Erbse *(Pisum sativum)*

Die Erbse mit ihren drei für den Hobbygärtner wichtigen Sorten der Schal- oder Palerbse, der Markerbse und der Zuckererbse, ist eine einjährige Pflanzenart, die ab Ende März direkt in Töpfen im Freien ausgesät wird. Die Pflanzen benötigen einen lockeren, nicht zu feuchten Boden und nur sparsame Düngung. Bis zur Reife der Früchte dauert es etwa 3 Monate. Man sollte den Pflanzen Rankhilfen in Form von Ästen, Gittern oder Maschendraht anbieten, deren Höhe je nach Sorte zwischen 60 und 120 cm ausgerichtet wird. Geerntet werden bei den Mark- und Schalerbsen nur die reifen Körner, das heißt man lässt die Schoten vollkommen ausreifen und entnimmt dann die noch grünen Samen. Lässt man sie weiter reifen, werden die grünen Früchte gelb und anschließend getrocknet. Zuckererbsen (unten) können schon geerntet werden, wenn in den Schoten die Samen noch klein und unreif sind, so in Butter gedünstet sind sie eine beliebte Delikatesse. Erbsenpflanzen sind anspruchslos, sollten aber nicht zusammen mit Bohnen und Tomaten gepflanzt werden und im Folgejahr nicht mehr dieselbe Erde erhalten, da sie mit sich selbst nicht verträglich sind.

Allgemein

Paprika *(Capsicum)*

Die alte Kulturpflanze Paprika stammt aus dem tropischen Amerika und ist bei uns in erster Linie dem Hobbygärtner als der dickfleischige und länglich-runde Gemüsepaprika bekannt. Zur selben Gattung zählen aber auch die Sorten der Gewürzpaprikas, bekannt als Pfefferoni, Peperoni oder als Chili. Alle Sorten enthalten das für die Schärfe verantwortliche Capsaicin, wenn auch in unterschiedlicher Konzentration. So fehlt nahezu allen Zuchtformen des Gemüsepaprikas die Schärfe dieses Stoffes, während andere Sorten zu den schärfsten Gewürzpflanzen zählen, die wir kennen, so die Habaneroschote *(Capsicum chinense)* mit der höchsten Konzentration von Capsaicin (Abb. rechts unten). Obwohl Paprika zu den mehrjährigen Pflanzen zählt, wird er bei uns jedes Jahr durch Aussaat oder Jungpflanzen neu kultiviert. Nur Pflanzen des Gewürzpaprikas kann man problemlos im Haus an einem möglichst sonnigen und warmen Standort überwintern. Ab Mitte Februar kann man in Kästen aussäen, wo-

bei der Samen nicht mit Erde bedeckt wird, da er zu den Lichtkeimern gehört. Um ihn vor Austrocknung zu schützen, sollte man ihn mit Frischhaltefolie abdecken. Die Sämlinge können nach ca. 14 Tagen einzeln in Töpfe pikiert werden und erst ab Mitte Juni werden sie an einen geschützten und sonnigen Standort im Freien ausgepflanzt. Um einen guten Ertrag zu erhal-

ten, soll man lockere, sandige Erde verwenden, die man vor Austrocknen durch Mulch schützt und mäßig aber regelmäßig gießt. Pro Pflanze lässt man höchstens 3 bis 4 Triebe stehen, um mehr und größere Früchte zu erhalten.

Obst und Beeren aus dem Minigarten

Interessante Neuzüchtungen geben auch dem Balkongärtner die Garantie für gute Erträge und einen problemlosen Anbau von Obstbäumchen und Beerensträuchern auf engstem Raum und erfüllen ihm den Wunsch nach leckeren Früchten aus eigener Ernte. Neben dem Nutzeffekt kann man sich im Frühjahr an den schönen Blüten erfreuen, die wiederum die nützlichen Bienen, Hummeln und Schmetterlinge anziehen. Besondere Beachtung verdient das Säulenobst. Jungpflanzen in dieser Form werden seit einigen Jahren von guten Baumschulen und Gartenbaubetrieben angeboten. Für den Hobbygärtner ist es empfehlenswert zur Zucht in Kübeln und Trögen auf diese Pflanzenform zu setzen. Die Pflanzen sind zwar etwas teurer, stehen aber als Garant für hohe Erträge (siehe Bild unten).

Äpfel *(Malus)*

Die Äpfel gehören zur Gattung der Kernobstgewächse und sind neben den ca. 50 Arten der Wildform und vielen Zierformen, zum Beispiel dem Japanischen Apfel mit seinen kirschgroßen Früchten (s. unten), mit einer nur schwer zu unterscheidenden Zahl von Hybriden vertreten. Die Äpfel sind die mit großem Abstand wohl wirtschaftlich bedeutendsten Früchte. Apfelbäumchen benötigen einen sonnigen Standort und einen nährstoffreichen Boden, der auch immer wieder am besten jährlich mit einem guten Volldünger gedüngt wird.

Eine Mulchschicht schützt die Erde vor Austrocknung. Wie alle Obstbäume benötigt auch der Apfel jährlich im Winter Schnittmaßnahmen, die man sich am besten beim Kauf vom Fachmann erklären lässt. Ebenso sollte man sich bei der Entscheidung über die Sorte und Pflanzenform beraten lassen, da es auch durchaus schwierig zu ziehende Sorten gibt.

Birnen *(Pyrus communis)*

Selbst im kleinsten Garten braucht man nicht auf den Genuss wohlschmeckender Birnen verzichten! Auch hier haben sich die ertragreichen Säulenformen durchgesetzt und die wertvollen Quadratmeter des Balkons kann man kaum besser nutzen. Beliebte Sorten sind die Williams Christ, Conference und die Gute Luise. Die beiden letztgenannten werden sogar im Fachhandel als Duo-Obstbaum angeboten. Die beiden Sorten sind auf einem Unterstamm veredelt und bestäuben sich auch gegenseitig. Auch die Zwergbirne „Condo" eignet sich hervorragend zur Zucht im Kübel, da der Baum selbst kleinwüchsig bleibt, seine Früchte aber normale Größe erreichen. Birnbäume benötigen viel Wärme, dies muss bei der Standortwahl auf jeden Fall berücksichtigt werden, um reichen Fruchtansatz zu bekommen. Ein nach Süden ausgerichteter, vollsonniger Balkon- oder Terrassenplatz an der Wärme abgebenden Hauswand ist ideal. Die Erde im Pflanzkübel sollte nährstoffreich und mit Humus durchsetzt sein.

Kirschen *(Prunus)*

Alle uns bekannten Kirschsorten stammen von der Wildform der Süßkirsche oder Vogelkirsche ab, die im Frühling an den Waldrändern und Hecken durch ihre hübsche Blütenpracht auffällt. Als Kübelpflanzen sind sie nicht nur wegen der leckeren Früchte begehrt, sie zeigen im Frühjahr auch wunderschöne Blüten in zarten Farben. Auch bei den Kirschen ist es empfehlenswert, sich für die kompakt wachsenden und selbstbefruchtenden Säulenpflanzen zu entscheiden, die je nach Standort von 1,50 Meter bis 2 Meter hoch wachsen. Es bietet sich besonders die Süßkirschensorte Sylvia an, deren herrlich süße Früchte im Juli reif werden. Wer Sauerkirschen bevorzugt, kann die Zwergform der Sorte Girotella anpflanzen. Sie wächst höchstens bis zu einer Höhe von 1,50 Meter und reift in der zweiten Julihälfte. Kirschbäumchen gedeihen gut in lockeren und nährstoffreichen, lehmhaltigen Böden. Sie sind wärmeliebend und bevorzugen einen sonnigen bis halbschattigen Standort.

Pfirsich *(Prunus persica)*

Der Pfirsich gehört zu den absolut wärme-
liebenden Obstsorten und wird in Mittel-
europa vorwiegend in Weinbaugebieten
angebaut. Da die reife Frucht sehr druck-
empfindlich ist, werden die Früchte unreif
geerntet und unausgereift im Handel angeboten. Erst wenn man den Vergleich zu
einer selbstgezogenen und am Baum ausgereiften Frucht hat, weiß man, welch
herrliches Aroma ein Pfirsich hat. Für den

Balkongärtner gibt es besondere Züchtungen als ideale Kübelpflanzen, die nicht
höher als 1 Meter werden. Hinzu kommt,
dass diese Zwerg-Pfirsiche mit kompaktem
Wuchs eine lange und überaus üppige Blütezeit haben. Die köstlichen Früchte können ab August geerntet werden. Neben
viel Sonne benötigt der Pfirsichbaum auch
ausreichend Wasser, um optimal zu gedeihen. Damit die Erde nicht so leicht austrocknet und die Wurzeln auch im Winter
ausreichend Schutz
haben, sind genügend
große Pflanzgefäße zu
empfehlen. Besonders
der Zwerg-Pfirsich be-
nötigt einen durchläs-
sigen und nahrhaften
Boden, den man aus-
reichend düngen muss.

Pflaume *(Prunus domestica)*

Die Pflaume mit ihren bekannten Sorten,
wie die gelbe Mirabelle (auch als Rund-
pflaume, Reneklode, Reineclaude oder
Ringlo bekannt), die kleinere Zwetschge
(auch Zwetsche oder Quetsche) und die ei-
gentliche Edel-Pflaume gibt es für den
Balkon oder die Terrasse des Hobbygärtners inzwischen auch als Säulenpflanzen.
Entscheidet man sich für diese Früchte, so
muss man wissen, dass frühestens ab dem

dritten Jahr nach Neupflanzung mit den
köstlichen Früchten zu rechnen ist. Die
Bäumchen erreichen im Kübel je nach
Standort und Schnitt eine Höhe bis zu
2,5 Meter. Die Pflanzgefäße sollten mindestens 40 cm Durchmesser haben. Das Substrat muss humus- und nährstoffreich sein
und immer mäßig feucht gehalten werden.
Am besten deckt man die Oberfläche mit
einer schützenden Mulchschicht ab. Wegen
der Wärmebedürftigkeit ist ein windge-
schützter, sonniger
Standort möglichst an
einer Hausmauer ideal,
da diese nachts ihre
Wärme abgibt. Ernten
kann man die vitamin-
reichen Früchte ab Mitte
August bis Ende Sep-
tember.

Zitruspflanzen *(Citrus)*

Wenn sich der Balkongärtner zur Zucht von Zitruspflanzen entscheidet, so muss von Anfang an auch daran gedacht werden, dass diese Pflanzen frostempfindlich sind und ein Winterquartier benötigen. Bei etwa 15 Grad Raumtemperatur fühlen sich die Pflanzen in der Winterzeit am wohlsten.

Mehr als 16 Arten bieten sich für die Zucht im Kübel an und bereichern sicher das breite Spektrum der Zierpflanzen mit ihren farbenprächtigen Früchten und den duftenden Blüten. Alle Arten der Zitrusbäumchen lieben die direkte Sonne und vertragen hohe Temperaturen, wobei im Hochsommer die Pflanzen täglich besprüht werden sollten. Gegossen wird erst, wenn die Substratoberfläche trocken ist.

Am besten kauft man die Pflanzen gleich in einem etwas größeren Topf oder Kübel, da die Pflanzen auf häufiges Umtopfen empfindlich reagieren. Die Früchte von Pflanzen, die in Kübeln gezogen werden, sind nicht zum Verzehr geeignet. Nachfolgend werden einige repräsentative Vertreter der Familie Citrus vorgestellt.

Mandarine *(Citrus reticulata)*

Die Mandarinen sind die größte und variabelste Gruppe der Zitrusgewächse, was ihre Fruchtform und Größe anbelangt. Schon vor einigen tausend Jahren wurden sie in China kultiviert und die ersten Pflanzen kamen um 1800 nach Europa. Die im Handel erhältlichen Bäumchen tragen schon als junge Pflanzen Früchte und zeigen das ganze Jahr über ihre weißen Blüten, denen bis zu 4 cm große, leuchtend orangegelbe Früchte folgen.

Orangenbaum *(Citrus cinensis)*

Die Pflege des Orangenbäumchens ist unkompliziert, wenn man ihm im Sommer einen windgeschützten und sonnigen Standort bietet und man kann viel Freude über mehrere Jahre hin haben. Im Spätfrühling öffnen sich die weißen duftenden Blüten und entwickeln die bis zu 5 cm großen, dekorativen Früchte. Bei richtiger Pflege blüht die Pflanze das ganze Jahr hindurch. Der Orangenbaum sollte täglich mit kalkarmen Wasser gegossen werden, denn Wassermangel macht sich sofort durch gelbe Blätter bemerkbar, ebenso führt ein zu hoher Kalkgehalt im Wasser zum Abwurf der Blätter.

Kumquat *(Fortunella)*

Die Kumquats, auch als Limequats, Zwergorangen oder Zwergpomeranzen bekannt, sind eine beliebte und unproblematische Kübelpflanze, die sogar vorübergehend leichten Frost verträgt. Aus diesem Grund kann auch die Überwinterungstemperatur niedriger sein, als bei den anderen Zitrusgewächsen. Die Pflanze kann bis zu 150 cm groß werden und ähnelt dem Orangenbaum. Vom Frühjahr bis zum Sommer bildet sie weiße, stark duftende Blüten die bis zu 2 cm groß werden. Die folgenden Früchte reifen sehr langsam und werden mit zunehmender Reife orangerot. Die ovalen Früchte erreichen nur eine Größe von 3 bis 4 cm und bleiben für einige Wochen an der Pflanze, bis sie abfallen. Auch die Kumquat muss vom Frühjahr bis zum Herbst täglich mit kalkarmen Wasser gegossen werden, wobei die Substratoberfläche nicht trocken werden muss. Im Winter sollte sie nur soviel Wasser bekommen, dass der Wurzelballen auf keinen Fall austrocknen kann.

Zitronenbaum *(Citrus limon)*

Diese Zitruspflanze ist die wohl am meisten verbreitete Art dieser Kübelpflanzen und lässt sich auch gut auf dem Balkon oder der Terrasse pflegen. Obwohl auch sie wärmeliebend ist und im Sommer einen sonnigen Standort benötigt, kann sie durchaus im Winter auch Temperaturen bis zur Frostgrenze vertragen. Kleine Pflanzen kann man aber auch ohne Winterruhe an einem hellen Standort bei normaler Zimmertemperatur überwintern. Wie für alle Zitruspflanzen gilt auch für den Zitronenbaum ein mäßiger Wasserbedarf. Die Wurzeln dürfen weder ständig im Wasser stehen noch darf das Substrat dauerhaft nass sein, sonst verfaulen die feinen Wurzelfasern. Allerdings soll der Wurzelballen auch nie ganz austrocknen. Ein sicheres Signal für einen höheren Wasserbedarf ist das leichte Einrollen der Blätter, was bei entsprechendem Gießen zu keinen bleibenden Schäden führt. Die schönen Blüten des Zitronenbaums sind im geschlossenen Zustand purpurfarben und dann weiß mit einem starken Duft.

Erdbeere *(Fragaria)*

Wohl kaum eine Gartenfrucht lässt sich so gut in Töpfen oder Kübeln ziehen, wie die Erdbeere. Mit ihren schmackhaften Früchten zählt sie nicht nur bei Kindern zu den beliebten Naschereien, die man als Balkongärtner ernten kann. Entgegen ihrem Namen ist die Erdbeere aus botanischer Sicht keine Beere sondern eine Sammelnussfrucht, die bei der Reife aus dem Blütenboden eine saftige Scheinbeere entwickelt. Erdbeerpflanzen bekommt man in reicher Sortenauswahl, wobei es für Ampeln oder Kästen spezielle Hängepflanzen gibt. Besonders empfehlenswert sind die Walderdbeeren (unten), deren Früchte zwar klein sind, aber gegenüber den herkömmlichen Erdbeeren äußerst aromatisch. Alle Erdbeerpflanzen benötigen sehr nährstoffreiche Erde, bevorzugt sollte man spezielle Erdbeererde verwenden. Sobald die Pflanzen blühen, benötigen sie viel Wasser, wobei auf jeden Fall Staunässe vermieden werden muss, da diese leicht zur Wurzelfäule führt. Erdbeeren bevorzugen einen sonnigen, aber windgeschützten Platz.

Heidelbeeren *(Vaccinium)*

Heidelbeeren, auch Blaubeeren genannt, gehören zu den Heidekrautgewächsen und sind mit den Preiselbeeren und den nordischen Moosbeeren und Rauschbeeren verwandt. Die Kulturheidelbeere oder Gartenheidelbeere ist in etlichen Sorten (früh, mittel und spät) im Handel, sodass man auch von Pflanzen in Kübeln oder Kästen über viele Wochen Heidelbeeren ernten kann, wenn man die entsprechende Sortenwahl trifft. Diese Pflanzen werden bis zu 1,50 Meter hoch und sind anspruchslos, was Standort und auch den Boden anbelangt. Sonne oder Halbschatten und ein mäßig trockener Boden lässt die Pflanzen gut gedeihen. Neben der schönen und reichen Blüte im Frühjahr zeigen die Blätter im Herbst eine wunderschöne, tiefrote Färbung. Ernten kann man die leckeren und gesunden Beeren je nach Sorte von Juli bis in den Spätherbst. Am besten überwintert man die Kübel an einem frostfreien, aber kalten Ort, wobei sie auch dunkel stehen können, da die Pflanzen die Blätter verlieren.

Platz für Bäume und Sträucher

Auch wer nicht Besitzer eines Gartens ist, muss nicht zwangsläufig auf frisches Obst direkt vom Baum oder Strauch verzichten, ebenso wenig wie auf den Schmuck von attraktiven Nadelbäumen oder exotischen Zitrusgewächsen. Allerdings benötigt der Balkongärtner für diese Arten von Pflanzen, die die einjährigen Blumen oder Gemüsesorten mit dauerhaftem Grün ergänzen, wesentlich mehr Zeit und Geduld und auch mehr Wissen um Pflege und Bedürfnisse dieser nützlichen wie attraktiven Gewächse. Die Leidenschaft für die Gärtnerei auf dem Balkon beginnt ja meistens bescheiden mit dem üblichen Blumenschmuck im Balkonkasten um dann mit der Entdeckung der vielen Möglichkeiten, die die Kübelpflanzengärtnerei bietet, doch das ganze Spektrum dieser interessanten Art von Pflanzenkultivierung auszuloten. Wer mit den klassischen Kübelpflanzen zurechtkommt, der kann sich auch an die Kultivierung von Obstbäumen und Beerensträuchern wagen. Mit dem Erfolg stellt sich auch die Freude an der mobilen Pracht ein und damit der Wunsch nach immer mehr und auch größeren Pflanzen, die dann auch durchaus anspruchsvoller in Bezug auf die Pflege sein dürfen.

Auf den folgenden Seiten kann nur ein kleiner Auszug der Pflanzen gezeigt werden, die für eine Kübelgärtnerei geeignet sind. Viele Pflanzen hätten durchaus noch eine Vorstellung verdient, aber es würde den Rahmen dieses Buches sprengen. Nur einige sollen noch genannt werden, die auch für den Anfänger der Balkongärtnerei Freude und Erfolg bringen, so der Bambus, die Engelstrompete oder Datura, Kamelien oder die große Familie der Hortensien. Weiter seien noch Sträucher wie die Johannisbeeren, Stachelbeeren und die vielen Arten von Koniferen genannt.

Efeu *(Hedera helix)*

Der Gemeine Efeu, eine immergrüne und frostharte Pflanze findet sowohl als Bodendecker wie auch als Kletterpflanze Verwendung auf dem Balkon und der Terrasse. Efeu kann bis zu 30 m lange Triebe entwickeln und klettert bis in 10 m Höhe, kann jedoch beliebig beschnitten werden. Die Pflanze stellt weder an den Boden noch an den Standort besondere Ansprüche und kann somit auch nordseitig und an schattigen Plätzen gezogen werden. Es gibt den rankenden Efeu, der ohne Haftwurzeln an Gittern und Zäunen gezogen werden kann, oder die Art mit Haftwurzeln, die sich gut zum Begrünen von Mauer eignet. Diese Art sollte jedoch nur dort gepflanzt werde, wo sie auch dauerhaft verbleiben kann, da sich die Haftwurzeln nur schwer von der Maueroberfläche entfernen lassen. Eine dritte, als Busch aufrecht wachsende Art ist die Sorte *Hedera Arborescens*. Die meisten Efeuarten haben im Herbst unscheinbare grünliche Blüten, aus denen sich kleine schwarze Beeren entwickeln, die giftig sind (unten).

Eibe *(Taxus)*

Eiben in ihren unterschiedlichsten Wuchsformen und Größen zählen zu den bekanntesten Ziergehölzen. Sie stellen an den Standort keine Ansprüche und können von voll sonnig bis schattig gehalten werden, bevorzugen jedoch einen nährstoffreichen und lockeren Boden. Besonders die kleineren Sorten lassen sich gut als Kübelpflanzen kultivieren, wobei auch mehrere Pflanzen mit unterschiedlicher Wuchshöhe sehr gut in einem größeren Gefäß aussehen. Vorsicht ist mit Kindern geboten, da alle Teile der Eibe sehr giftig sind, sie enthalten bis auf den leuchtendroten Samenmantel der Frucht das Alkaloid Taxin. Die Pflanzen sind gut schnittverträglich, daher kann man sie auch durch Beschnitt den Platzverhältnissen anpassen oder für den Formschnitt verwenden. Die Vermehrung der Eiben erfolgt in der Regel durch Stecklinge, nur selten durch Aussaat.

Gemeiner Hopfen *(Humulus lupulus)*

Der Schlingpflanze Hopfen mit ihren schönen drei- oder fünflappigen Blättern, die an Weinblätter erinnern, wird in erster Linie wegen ihres schönen Laubs vom Balkongärtner gepflanzt und eignet sich bestens zur Begrünung von Zäunen, Geländern, Brüstungen, Gittern und Fassaden. Hopfen hat den Vorteil, dass er keine Bauschäden an Mauern verursacht, da er nicht zu den stammbildenden Pflanzen gehört und im Herbst seine Ranken absterben. Er zieht sich dann in den Boden zurück und treibt im Frühling neu aus. Die jungen spargelähnlichen Triebe sind essbar und gelten als begehrte Delikatesse. Nach dem Austreiben wächst Hopfen sehr schnell, bis zu einem Meter pro Woche und kann bis zu 10 m hoch klettern. Ab dem Hochsommer bis in den frühen Herbst tragen die weiblichen Pflanzen Fruchtstände aus papierartigen Blättchen, deren Dolden sehr dekorativ wirken. Im Herbst werden die abgestorbenen Ranken über der Erde abgeschnitten und mit Komposterde bedeckt. Hopfen bevorzugt lehmig-sandigen und nährstoffreichen Boden und einen halbschattigen Standort. Die Dolden des Hopfens werden weltweit beim Bierbrauen als Gewürz benötigt.

Wilder Wein *(Parthenocissus)*

Wohl jeder kennt die prachtvolle Herbstfärbung dieser üppig rankenden und kletternden Pflanze, die mit ihren verschwenderischen Farben von gelb über orangerot bis zum flammenden karminrot ab Anfang September überall auffällt. Die Pflanze fühlt sich an einem sonnigen bis halbschattigen Standort wohl und klettert ohne Hilfe an Mauerwerk, Putz und Holz. Mit Hilfe von Haftschalen am Ende ihrer Ranken kann sie sich an fast jeder Unterlage festhalten, ohne diese zu beschädigen. Die schnell wachsende Pflanze ist ein hervorragender Wind- und Sichtschutz für Balkone und Terrassen. Sie kann gut beschnitten werden und man sollte sie besonders in der Nähe von Dachrinnen oder Fensterrahmen durch Rückschnitt im Griff behalten, da sie gute Standorte mit äußerster Wuchsfreudigkeit belohnt. Die Pflanze benötigt normale Pflanzerde und bevorzugt feuchten Boden. Aus den unscheinbaren Blüten entwickeln sich im Sommer kleine blauschwarze Beeren, die bei Vögeln sehr begehrt sind. Wilder Wein wirft im Herbst das Laub ab und treibt im Frühjahr neu aus.

Buchsbaum *(Buxus sempervirens)*

Schon die Römer und die Griechen säumten ihre Gartenbeete mit niedrigen Buchshecken ein und so zählt wohl der Buchsbaum oder einfach Buchs und auch Gewöhnlicher Buchsbaum genannt, zweifellos zu den jahrhundertealten Gartenklassikern. Ob in den Schlössern von Versailles oder in deutschen Bauerngärten, überall wurde der Buchs als robuste und leicht zu pflegende Art für Hecken und Beeteinfassungen oder als Solitär geschätzt. Der Buchs ist immergrün und wächst sehr langsam, wobei er von der Strauchgröße von 60 cm bis zu einer Höhe von 8 m variiert. Aufgrund von Züchtungen und Mutationen durch die Jahrhunderte kennt man heute etwa 60 Sorten, die sich durch Blattgröße, Blattform und Farbe, sowie durch Wuchsform und Wachstumsgeschwindigkeit unterscheiden. Die Pflanze stellt keine großen Ansprüche an Erde und Standort, sodass sie als ideale Bepflanzung für Kübel, Töpfe und Hecken gilt.

Von März bis Mai zeigt der Buchs kleine gelbliche und wohlriechende Blüten, deren Duft Bienen und andere Insekten anzieht (rechts).

Zypressen *(Cupressus)*

Zypressen oder Scheinzypressen sind den Nadelgehölzen zuzuordnen und in unseren Breiten beliebte Heckenpflanzen mit sehr unterschiedlichen Wuchsformen. Bekannt sind sie auch unter dem Namen Thuja oder Lebensbaum. Nicht alle Zypressenarten eignen sich für die Kultivierung in Trögen auf dem Balkon oder der Terrasse, da manche Arten nur bedingt winterhart sind. Gut eignet sich die echte Zypresse oder Mittelmeerzypresse für Balkone, da sie Temperaturen bis −15 Grad verträgt. Zusammen mit Blumen in einem Kasten gepflanzt, bringt sie diese durch ihr sattes grün besonders zur Geltung. Auch wird eine Reihe von zwergwüchsigen Zypressen in Gärtnereien angeboten, die sich sehr gut für die Zucht in Kübeln oder Trögen eignen und die meistens mit Winterschutz im Freien verbleiben können. Wie alle immergrünen Gehölze benötigen sie auch im Winter genügend Wasser, da sie in dieser Zeit eher Schäden durch Austrocknung davontragen, als durch Frost. Zypressen stellen keine hohen Ansprüche an ihren Standort, lieben aber sandig-humosen Boden, der nie austrocknen sollte. Durch Beschnitt, den sie gut vertragen, kann man die Wuchsform und Höhe bestimmen.

Zwergkoniferen *(Coniferales)*

Als Koniferen werden alle Nadelhölzer bezeichnet. Sie sind eine große weltweit vorkommende Familie von Bäumen, die besonders als kleinwüchsige Züchtungen gern für Balkonbepflanzungen verwendet werden. Die Kiefernarten sind hierfür die Favoriten, da sie unproblematischer sind als die Zwergformen der Tannen oder Fichten (Abb. unten).

Bei der Auswahl muss darauf geachtet werden, welche Ausbreitung und Wuchshöhe die Pflanze erreichen kann, damit sie letztlich für lange Zeit an ihrem vorgesehenen Standort verbleiben kann. Die Bäume wirken auch sehr schön in Gruppen mit verschiedenen Arten als Terrassenbegrenzungen oder als Kübelarrangement. Koniferen soll man einmal im Jahr im Spätsommer auslichten. Um sie in der gewünschten Größe zu halten, kann man bei Austrieb der neuen Spitzen im Frühjahr diese um etwa die Hälfte abschneiden, somit vermindert man einen zu schnellen Wuchs und hält die Pflanze auch in der gewünschten Form. Je nachdem, an welcher Stelle man die Spitzen vermehrt kappt, führt es zu einem langsameren Wuchs dieser Äste. Ein starker Rückschnitt kann nur über Jahre verteilt vorgenommen werden. Koniferen haben keine besonderen Standortansprüche, sollten aber als Solitärpflanzen gut von allen Seiten Licht bekommen, da sie an den Seiten mit Lichtmangel gern einen Magerwuchs zeigen und die Nadeln braun werden. Sie benötigen einen immer mäßig feuchten Boden und sollten einmal im Jahr mit einem Spezialdünger gedüngt werden.

Naturschutz im Minigarten

Naturschutz ist selbst auf kleinstem Raum, also auch auf Balkon und Terrasse möglich und ist aktiver Schutz für die geliebten Pflanzen auf natürliche und umweltschonende Weise. Jedem Hobbygärtner sollte klar sein, dass gute Kenntnisse der Natur seine Pflanzen schützt und mit zum Erhalt der Artenvielfalt nützlicher Tiere beiträgt. Viele Pflanzen bieten mit ihren Blüten und Blättern Insekten Nahrung und Lebensraum. Über 50 Prozent der in Deutschland vorkommenden Schmetterlinge gehören zu den gefährdeten oder aussterbenden Tieren und somit ist jeder Beitrag zum Erhalt ihres Lebensraumes wichtig und kann sich durchaus auf den Raum von Balkon oder Terrasse beziehen. So bieten zum Beispiel die Blüten von Lavendel und Sommerflieder wichtige Nahrung für die Schmetterlinge oder ein paar Brennnesseln am Rand der Terrasse dienen der Fortpflanzung des Tagpfauenauges, einem gefährdeten Schmetterling, dessen Raupen sich ausschließlich von diesen Blättern ernähren.

Einen Nistkasten für Vögel oder gar für Fledermäuse kann man auch leicht an jedem Balkon anbringen und man wird feststellen, wie viel Freude es bereitet, dann den Bewohnern vielleicht beim Brutgeschäft oder der Aufzucht ihrer Jungtiere zuschauen zu können. Zudem sind sie ein natürlicher Feind vieler Schadinsekten und sorgen für ein natürliches Gleichgewicht. Viele Tiere sind Kulturfolger und haben sich schon weitgehend an ihren veränder-

ten Lebensraum gewöhnt, man kann jedoch mit oft geringen Maßnahmen diesen Mitbewohnern unseres Minigartens das Leben erleichtern.

Unterschlupf für Nützlinge

Durch die intensiven Eingriffe des Menschen in die Naturlandschaft und die Tendenz, auch den Garten „aufgeräumt" zu halten, wird der Lebensraum vieler Tiere

immer weiter eingeschränkt. So verschwinden immer mehr Insektenlebensräume wie zum Beispiel Lehm- und Schotterflächen oder Totholz. Hier schafft ein „Insektenhotel" aus einem Lochziegel oder einem Bündel trockener Schilfrohre Abhilfe. Diese

sogar auf der Roten Liste, wie viele Wildbienen. Hersteller von Vogel-Nistkästen bieten inzwischen eine Vielzahl von verschiedenen Nisthilfen für die unterschiedlichsten Tiere an, wenn man so etwas nicht selbst bauen kann. Den nützlichen Ohrwürmern kann man durch aufgehängte Blumentöpfe, die man mit Holzwolle ausstopft, ein Heim bieten. Ebenso nimmt der Igel, der auf seinen nächtlichen Streifzügen die lästigen Schnecken von der Terrassenbepflanzung sammelt, gern den hohlen Baumstamm als Kinderstube oder Schlafstätte an. Wie man sieht, kann man ohne großen Aufwand den Tieren helfen, die den Minigarten als Lebensraum annehmen und beleben.

Hilfsmittel dienen vielen Nützlingen wie zum Beispiel Hummeln, Wildbienen, Schlupf-, Grab- und Wegwespen oder Florfliegen als Unterschlupf und Brutstätte. Diese Tiere sind äußerst wichtig für die Bestäubung und als kostenlose biologische „Schädlingsbekämpfer", um das ökologische Gleichgewicht zu wahren. Zusätzlich sind einige der durch solche Nisthilfen geförderten Arten selten und stehen zum Teil

Ökologische Schädlingsbekämpfung

Die Möglichkeiten der Schädlingsbekämpfung im Minigarten sollten sich auf ökologische Maßnahmen und ungiftige Spritzmittel beschränken, besonders dann, wenn

man auch Gemüse, Kräuter und Obst anbaut. Ziel des Hobbygärtners sollte es sein, mit umweltverträglichem Pflanzenschutz die Freude an seiner Blumen- und Pflanzenpracht auf Balkon und Terrasse zu erhalten. Dazu gibt es ganz fleißige Helfer, wie die Schwebfliegen, die Ohrwürmer oder die Marienkäfer. So frisst eine Larve der Schwebfliege am Tag bis zu 150 Blattläuse. Die Schwebfliege ist jedem bekannt, wenn sie an windstillen Sommertagen im

Schwirrflug in der Luft zu stehen scheint. Durch ihr Aussehen wird sie leicht mit den größeren Wespen verwechselt. Ohrwürmer oder Ohrkriecher leben nachtaktiv und vertilgen auch Blattläuse und viele Arten von kleinen Schadinsekten. Ihre Zangen am Hinterleib dienen dabei nicht als Waffe, sondern sie werden zum Öffnen der Flügelabdeckung am Rücken benötigt, da die Ohrwürmer fliegen können und zur Familie der Kurzflügler gehören. Es muss noch der als Glückskäfer bekannte Marienkäfer erwähnt werden, der mit seiner schwarzgelben, stachligen Larve zu den größten

Feinden der Blattläuse zählt, wie die Bilder auch belegen.

Krankheiten der Pflanzen

Eine Bedingung für dauerhaft gesunde Pflanzen ist die den jeweiligen Bedürfnissen entsprechende Pflege. Hier ist in erster Linie einmal das Gießen und die Düngung zu nennen, da sich gerade bei Topf- und Kübelpflanzen Fehler gravierend auswirken. Viele Erkrankungen und der Befall durch Parasiten und Schädlinge treten bei Pflanzen auf, die durch falsche Pflege geschwächt sind.

Allgemein gilt, dass eine Unterversorgung mit Nährstoffen nicht so schädlich ist, wie eine Überdüngung, die zwar zu üppigem Wachstum führen kann, aber letztlich geschwächte Pflanzenorgane zur Folge hat. Dies wiederum erleichtert pilzlichen Krankheitserregern oder saugenden Schädlingen das Eindringen in den Pflanzenkörper. Übermäßiges Gießen führt zur Wurzelfäule und Trockenheit zum Vergilben der Blätter. Dies ist aber leichter erkennbar, als schleichende Erkrankungen, die durch allgemeine Schwächung der Pflanze hervorgerufen werden.

Nun kann man mit pflanzlichen Stärkungsmitteln die Widerstandskraft der Pflanzen erhöhen und den Einsatz von chemischen Pflanzenschutzmitteln überflüssig machen. So wird aus dem blühenden Rainfarn (Bild oben) eine unverdünnte Brühe gegen Mehltau, Blattrost und Blattläuse eingesetzt. Der Schachtelhalm dient als Jauche oder Brühe gegen Pilzerkrankungen und Spinnmilben. Die Brennnesseln werden als Jauche ebenfalls gegen Pilzkrankheiten, Blattläuse und Spinnmilben verwendet. Die Wirksamkeit dieser Mittel basiert auf jahrelanger Praxiserfahrung biologischen Gärtnerns und erklärt sich mit den unterschiedlichen Inhaltsstoffen der Pflanzenmittel. Alle haben sich ausgezeichnet zur biologischen Düngung und Stärkung der Pflanzen bewährt und ihre hohe Wirksamkeit gegen die unterschiedlichsten Pflanzenkrankheiten bewiesen.

Herbst im Minigarten – der Winter naht

Wenn die Tage kürzer werden und die Nächte herbstlich kalt, wird es Zeit, Balkon und Terrasse auf den bevorstehenden Winter vorzubereiten. Man kann zuerst einmal bei den mehrjährigen und nicht winterharten Pflanzen alle vertrockneten Blüten und Samenstände abschneiden und verdorrte Pflanzenteile

entfernen. Dies verhindert auch die Mitnahme von Schädlingen oder Krankheitserregern in das Winterquartier. Ausgenommen sind die vertrockneten Blüten und deren Samenstände, die man eventuell für die neue Anzucht benötigt. Hier muss man wissen, wann die Samen der unterschiedlichen Pflanzen reif sind und wie man sie nach dem Abnehmen aufbewahren muss. Auch die Gefäße sollten außen gereinigt und auf Schäden überprüft werden. Besonders wichtig ist, dass die Ablauflöcher im Boden nicht verstopft sind, um Nässestau zu verhindern.

Bei den meisten Pflanzen, die man über den Winter bringen möchte, empfiehlt sich ein Rückschnitt, bevor man sie ins Winterquartier bringt. Man schneidet lange Triebe etwas zurück und erst im Frühjahr nimmt man einen Formschnitt vor, der der Pflanze die gewünschte Form und Größe erhalten soll. Hier sollte man sich auf jeden Fall fachmännischen Rat holen oder durch weiterführende Fachliteratur kundig machen. Hat man Obstbäumchen und andere winterharte Laubgehölze in Kübeln und Töpfen, so gibt es hier ganz verschiedene Schnittzeitpunkte für die einzelnen Arten. Ist man sich unsicher sollte man

den ersten Schnitt von einem Fachmann ausführen lassen, der auch die unterschiedlichen Zeitpunkte erklärt.

Geeignete Winterquartiere

Viele Pflanzen, die im Sommer unsere Balkone und Terrassen zieren, stammen aus dem Süden, sind also rund ums Jahr an warme Temperaturen gewöhnt und würden die kalte Winterzeit nicht überleben. Es ist unsere Aufgabe sie vor den Wintertemperaturen zu beschützen.

Je nach Empfindlichkeit und Art der Pflanzen fällt der Winterschutz sehr unterschiedlich aus. Bei Kübel- und Topfpflanzen, die auf dem Balkon oder der Terrasse überwintern können, so zum Beispiel die Koniferen, Buchs oder die Obstgehölze, gilt es in erster Linie die besonders frostempfindlichen Wurzeln zu schützen. Der Pflanzkübel sollte auf eine isolierende Unterlage gestellt werden, wie Styropor oder Bretter. Das Gefäß wird mit einer Schilfmatte, Sackleinen oder Noppenfolie umwickelt und die Triebe mit trockenem Laub, Reisig oder Stroh abgedeckt. Nützlich ist es auch, mehrere Pflanzkübel eng zusammen an die Hauswand zu stellen. Bei Trockenheit müssen auch im Winter die Pflanzen gegossen werden, denn der Wurzelballen darf auf keinen Fall völlig austrocknen. Besonders sind die Koniferen im Winter gegen Austrocknung zu schützen, da es hier eher Schäden durch Trockenheit als durch Frost gibt.

Alle immergrünen Pflanzen, die Temperaturen bis Null Grad vertragen, aber Licht benötigen, sollten idealerweise in einem Kaltraum (Anbau, Schuppen oder unbeheizter Wintergarten) untergebracht werden. In diesem sollten Temperaturen von 0 bis nicht mehr als +5 Grad herrschen. Hier kann man zuerst mal auch Blumen wie Geranien zum Abblühen unterbringen, später können sie in einen dunklen, frostfreien Raum gestellt werden, wie zum Beispiel den Keller.

Überwinterung in Wohnräumen

Bei unempfindlichen Pflanzen, die Frost bis –5 Grad vertragen, reicht es aus, dass man sie mit Folie gegen den kalten Wind schützt und den Ballen um den Kübel mit Sackleinen einschlägt. So kann man sie im Freien an einem geschützten Platz überwintern. Viele der Kübelpflanzen würden jedoch trotz schützender Maßnahmen einen Winter im Freien nicht überstehen und brauchen einen Platz im Haus. Immergrüne Pflanzen wie zum Beispiel der Oleander, alle Citrus-Arten oder der Olivenbaum brauchen auch im Winter einen hellen Standort. Ein Wintergarten ist hier wohl der Idealfall, aber notfalls reichen auch ungeheizte Räume wie das Treppenhaus, ein unbenutztes Gästezimmer oder der kühle Flur. Laubabwerfende Pflanzen sind leichter zu überwintern, da sie in einem dunklen, frostfreien Raum wie Keller oder Garage untergebracht werden können. Durch das fehlende Laub sind sie in dieser Zeit auch weniger anfällig für Schädlinge und Krankheiten. Sie sollten diese Zeit ungestört verbringen können, also bitte weder düngen noch umtopfen und erst wieder sparsam gießen, wenn die Erde im Topf vollständig abgetrocknet ist. Ab und zu sollte für Frischluft gesorgt werden und abgestorbene Pflanzenteile müssen entfernt werden, um Schädlingsbefall und Pilzkrankheiten vorzubeugen.

Ein wichtiger Punkt sollte noch Beachtung finden: Pflanzen vertragen im Allgemeinen tiefere Temperaturen besser als wir annehmen und somit sollten sie so spät wie möglich, natürlich unter Beachtung der herrschenden Witterung und Einbezug der individuellen Sensibilität der Pflanze, ins Winterquartier kommen. Minimale Frostschäden an den Blättern verkraften sie leichter als eine zu lange Winterpause unter ungünstigen Bedingungen.

Register der deutschen Pflanzennamen

Apfel	45	Gurke	42	Pfefferminze	37
Aubergine	41	Hängebegonien	17	Pfirsich	47
Basilikum	33	Hängegeranien	21	Pflaume	47
Begonien	16	Heidelbeere	50	Primeln	26
Birne	46	Hopfen, Gemeiner	53	Rosmarin	37
Blattbegonie	17	Husarenknopf	22	Salbei	38
Blaubeere	50	Kapuzinerkresse	21	Schnittlauch	38
Bohnen	43	Kirschen	46	Schwarzäugige Susanne	26
Bohnenkraut	33	Klematis	23	Sonnenblume	27
Buchsbaum	54	Knollenbegonie	17	Thymian	39
Citrus	48	Koniferen	55	Tomate	42
Dill	34	Kumquat	49	Trompetennarzisse	15
Drillingsblume	18	Lavendel	24	Tulpen	15
Duftgeranien	21	Liebstöckel	35	Waldrebe	23
Edelpelargonien	21	Lilien	14	Wandelröschen	28
Efeu	52	Majoran	35	Wein, Wilder	53
Eibe	52	Mandarine	48	Wicke	29
Eisbegonie	16	Märzenbecher	14	Wucherblume	29
Elfenspiegel	17	Narzissen	15	Zauberglöckchen	30
Enzianbaum	27	Oleander	24	Ziersalbei	30
Erbse	43	Orangenbaum	48	Zinnie	31
Erdbeere	50	Oregano	36	Zitronenbaum	49
Estragon	34	Osterglocke	15	Zitronenmelisse	39
Fuchsien	20	Pantoffelblume	25	Zitruspflanzen	48
Gartenheidelbeere	50	Paprika	44	Zucchini	41
Gazanie	21	Pelargonien	21	Zwergkoniferen	55
Geranien	21	Petersilie	36		
Glockenblume	22	Petunien	25		

Register der lateinischen Pflanzennamen

Allium schoenoprasum	38	Humulus lupulus	53	Primula	26
Anethum graveolens	34	Lantana camara-Hybriden	28	Prunus domestica	47
Artemisia dracunculus	34	Lavendula angstifolia	24	Prunus persica	47
Begonia	16	Leucojum vernum	14	Prunus	46
Bougainvillea	18	Levisticum officinalis	35	Pyrus communis	46
Buxus sempervirens	54	Lilium	14	Rosmarinus officinalis	37
Calceolaria	25	Lycianthes rantonnetii	27	Salvia officinalis	38
Calibrachoa	30	Malus	45	Salvia	30
Campanula	22	Melissa officinalis	39	Sanvitalia procumbens	22
Capsicum	44	Mentha piperita	37	Satureja hortensis	33
Citrus cinensis	48	Narcissus	15	Satureja montana	33
Citrus limon	49	Nemesia hybrida	19	Solanum lycopersicum	42
Citrus reticulate	48	Nerium oleander	24	Solanum melongena	41
Clematis	23	Nyctaginaceae	18	Tanacetum	29
Coniferales	55	Ocimum basilicum	33	Taxus	52
Cucumis sativus	42	Origanum majorana	35	Thunbergia alata	26
Curcubita pepo	41	Origanum vulgare	36	Thymus vulgaris	39
Fortunella	49	Parthenocissus	53	Tropaeolum	21
Fragaria	50	Pelargonium	21	Tulipa	15
Fuchsia	20	Petroselinum crispum	36	Vaccinum	50
Gazania	21	Petunia	25	Vicia	29
Hedera helix	52	Phaseolus	43	Zinnia	31
Helianthus annuus	27	Pisum sativum	43		

Nützliche Adressen

Diese Internetseite gibt erschöpfend Auskunft, Hinweise und Tipps zu allen Garten- und Pflanzenproblemen: www.hausgarten.net

Kompetenter Rat zum Thema Obstgehölze mit Bezugsquellen: www.meinobst.com

Eine amtliche Pflanzenschutzberatung gibt die Landwirtschaftskammer NRW mit guten Hinweisen über allgemeinen Pflanzenschutz und Schädlingsbekämpfung: www.pflanzenschutzdienst.de

Beratung für alle Gartenfragen gibt es auch bei der Bayerischen Gartenakademie in Veitshöchheim: www.lwg.bayern.de/gartenakademie

Literatur:

Zander, Handwörterbuch der Pflanzennamen

Der große ADAC-Ratgeber „Garten" in 13 Bänden

Danksagung:

Dank gilt Frau Heide Wülfert, Grafik + Design München, für den Entwurf des Grundlayouts.

Dank auch an das Gartencenter Seebauer in München (www.gartencenter-seebauer.de) für die Unterstützung des Autors bei der Fotografie für dieses Buch.

Der Autor bedankt sich bei Viola Zabiczer für ihre Hilfe bei der Bildredaktion.

Bildnachweis:

Titelbilder: alle Fotolia

Juniors Bildarchiv: S. 30, o.,u.;

Pixelio: S. 4 o.,u.; S. 5 u.; S. 11 o.; S. 22 o.; S. 23 o.; S. 24 u.l.; S. 25. u.; S. 30 o.,u.; S. 36 u.; S. 38 o.; S. 39; S. 43 u.; S. 44 r.o.

TopicMedia/Manfred Ruckszio: S. 32 o.,u.; S. 33 u.; S. 34 o.; S. 35 u.; S. 36 u.; S. 37 o.,u.; S. 38 u.; S. 39 u.

TopicMedia/Werner Layer: S. 39 o.

Alle anderen Abbildungen von TopicMedia/pm und Fotolia